AF275429

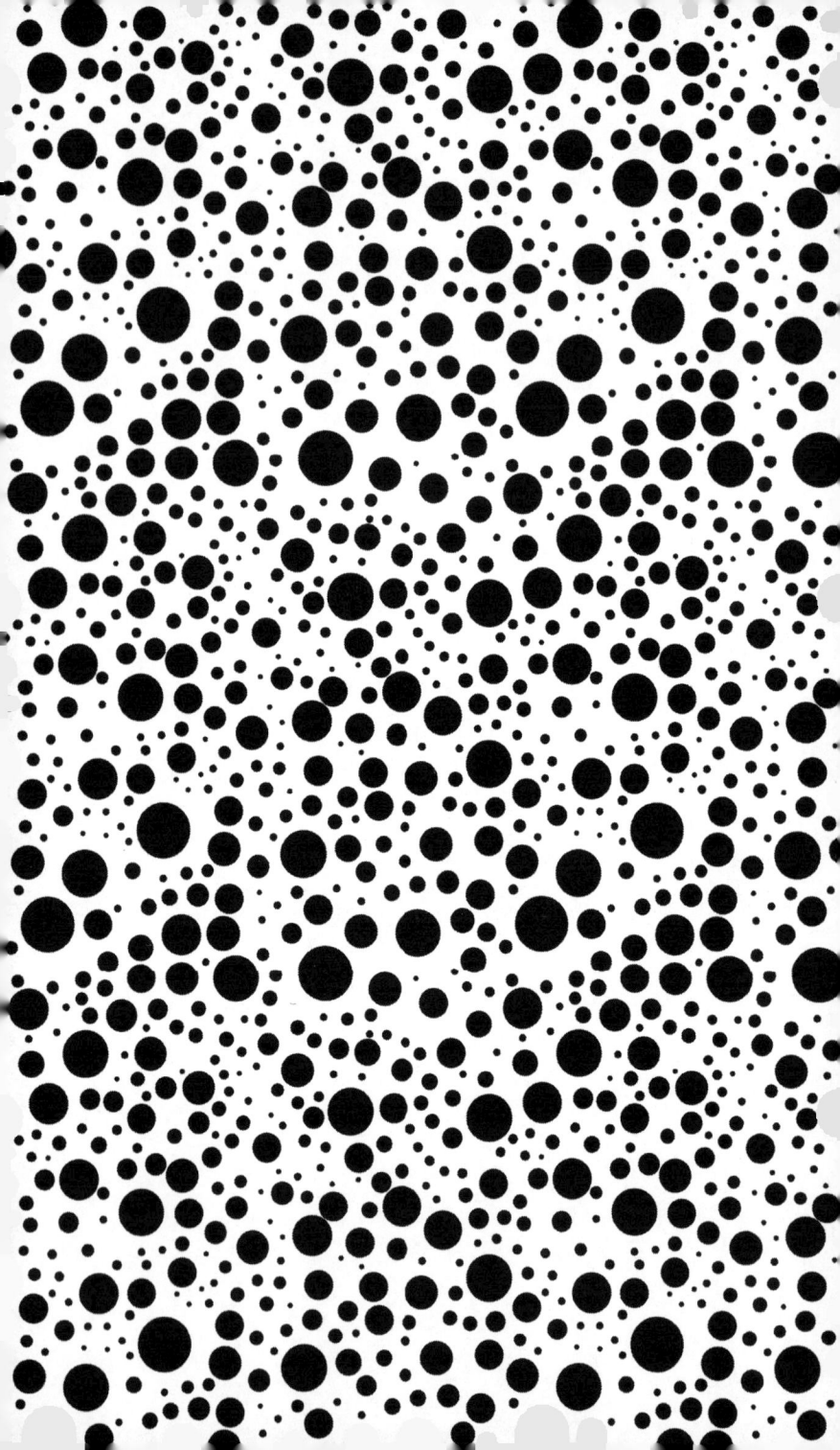

Mattio, Juan / La sombra de un jinete desesperado / Juan
Mattio. - 1a ed. - Ciudad Autónoma de Buenos Aires:
EGodot Argentina, 2023. 120 p. ; 20 x 13 cm.

ISBN 978-84-19990-52-5
Depósito legal: M-18997-2025

Corrección Federico Juega Sicardi
Ilustración de tapa Diego Perrotta
Diseño de tapa e interiores Víctor Malumián
Ilustración de Juan Mattio Max Amici

© Ediciones Godot
www.edicionesgodot.com.ar
info@edicionesgodot.com.ar
Facebook.com/EdicionesGodot
Twitter.com/EdicionesGodot
Instagram.com/EdicionesGodot
YouTube.com/EdicionesGodot
Buenos Aires, Argentina, 2025

Impreso en España
Artes Gráficas Cofás, S.A,
Móstoles, Madrid, julio de 2025

La sombra
de un jinete desesperado

Juan Mattio

"Todo caballo lleva
la sombra de un jinete desesperado".
MIGUEL Á. BUSTOS

"La fantasía se duplica a sí misma como la nueva
epistemología y como la única forma de vivir en el
mundo que la propia fantasía ha creado".
M. JOHN HARRISON

Prólogo

LOS TEXTOS QUE SIGUEN fueron escritos a lo largo de varios años, y me gustaría pensarlos como un mapa de obsesiones y puntos de quiebre en mi modo de leer. Pienso que un lector no es alguien que acumula lecturas, sino, más bien, alguien que aprende a leer de distintas maneras, guiado por diferentes preguntas, a lo largo de su vida. No creo que nadie aprenda a leer de una vez y para siempre. Todo gran texto —incluso toda gran película y todo gran disco— nos pone en situación de tener que volver a construir modos de indagación y contacto con el objeto. Quisiera pensar que pude escribir no solo sobre textos y películas que me conmovieron, sino también sobre esas pequeñas modulaciones en mi percepción.

Por otro lado, el título del libro es una cita de un poema de Miguel Ángel Bustos, que publicó en *Visión de los hijos del mal* y que dice: "Todo caballo lleva la sombra de un jinete desesperado". No puedo pensar una imagen mejor para definir la forma ensayo. Trasladando, podríamos decir que toda hipótesis teórica lleva la sombra de un autor desesperado. Mientras escribía, me preocupaba que los ensayos de este libro no se escribieran de un modo impersonal y distante, como si se tratara de un observador científico que mira objetos intercambiables. Me preocupaba porque lo cierto es que estos objetos están ligados a mis estados de ánimo y a mis ansiedades políticas de un modo íntimo y no solo intelectual. Creo que fue Raymond Williams quien dijo en algún lado que en toda idea hay un sentimiento y en todo sentimiento, una idea. Traté, entonces, de no ocultar los sentimientos que estos libros, películas y series me habían despertado.

Muchos de ellos están atravesados por mi interés en los géneros *pulp*. Hace tiempo que intento pensar la ciencia ficción, el terror y el *noir* como síntomas políticos de una imaginación social colapsada. Estos textos en particular deben muchísimo a Kike Ferrari y Pedro Perucca, con quienes doy talleres de lectura desde 2015. Sin esos pequeños laboratorios colectivos que fuimos construyendo semana a semana, nunca hubiera podido armar el corpus de imaginaciones desmesuradas y violentas que están presentes en el libro.

Hay otra zona de estos ensayos que se conecta a mi interés por las poéticas del modernismo. Podría parecer una contradicción, pero desde hace algunos años tengo la hipótesis de que estos extremos de nuestra cultura —*pulp* y modernismo— no deben pensarse como opuestos, sino como materiales que necesitan ser acoplados. Esta tensión, que a veces se traduce en el binomio realismo y literaturas extrañas, me parece que es una zona crítica que necesitamos reorganizar para salir de algunos callejones, estéticos y políticos, que en apariencia no tienen salida. La construcción de híbridos culturales me parece una forma posible de romper tanto con la *cultura retro* como con eso que se conoce como *melancolía de izquierda.*

Por último, cuando empecé a ordenar las notas para este libro no me lo había propuesto, pero ahora, al leerlo completo, pienso que la figura de Philip K. Dick se mueve espectral, de una u otra forma, por casi todos los textos. Me parece justo. Yo diría que Dick, más que un autor o una serie de textos, es para mí un paisaje mental. Un tipo de emoción que mezcla la paranoia con cierta melancolía y una lucidez salvaje con momentos oníricos y demenciales. Ojalá que algo de ese clima anímico esté, de alguna manera, entre las páginas de este libro.

Una mirada a la oscuridad

29 DE AGOSTO DE 2019

LA PRIMERA VEZ QUE me acerqué a la obra de Dick, tenía 19 años y estaba pasando por una de las depresiones más feroces de las que tenga memoria. Mamá había muerto a fines de mayo y desde entonces el mundo parecía quebrado, un mundo roto. En los meses anteriores había pasado mis noches cuidándola en la clínica donde estaba internada. De día dormía, comía alguna cosa, deambulaba por la casa en la que había crecido. Me recuerdo en un estado de terrible abandono. Ni antes ni después mi cuerpo llegó a importarme tan poco. Recuerdo, también, el cuerpo de mi madre, un cuerpo pesado y lento, un cuerpo que se estaba apagando. Tenía 47 años. Una edad cercana a la que tienen hoy algunos de mis amigos. Le habían diagnosticado esquizofrenia diez años atrás aunque la enfermedad —así se la llamaba en mi casa— había dado avisos desde que ella era muy chica. Lo cierto es que mi madre había vivido mal y estaba muriendo mal. La habían internado después de una ingesta de pastillas que nunca supe —o tal vez sí supe y quise olvidar— si fue producto del desconcierto o una decisión consciente. Cuando todo terminó para ella, la depresión se instaló en mi cuerpo primero y en mis pensamientos después. Fue como recibir una herencia. En ese entonces, salía con una chica unos años más grande que yo que cursaba la carrera de Letras en Puan. Fue ella la que me acercó a Dick. Me dio a leer *Ubik* en una fotocopia, y así empezó todo. Estuve todo un año leyendo su obra como un sonámbulo. Sin poder retener los argumentos completos, mezclando los personajes, sin siquiera diferenciar dónde empezaba un libro y terminaba el otro. Sus mundos débiles me llevaban al país de mi madre, con sus delirios persecutorios y tramas secretas de conspiraciones y complots. Entendí que mi madre era un personaje dickeano. La práctica sistemática de sospecha sobre el mundo, sobre su funcionamiento, fue la primera noticia que tuve de esa literatura que leería muchos años después. Por eso leer a Philip Dick fue como volver a mi casa de infancia. Un espacio aterrador y familiar.

30 DE AGOSTO

Lo que me propongo es construir un mapa de las obsesiones de Dick siguiendo el programa que afirma que una lectura de la literatura *pulp* tiene que concentrarse en las repeticiones. El movimiento interpretativo debe indagar en eso que podemos llamar *materias primas.* Clasificar los distintos materiales a los que llamamos, cuando los encontramos reunidos, Philip K. Dick. Ese inventario contendría las colonias en Marte, Luna, Próxima, Centauro. Hacer la lista de las conspiraciones políticas de sus novelas y articularlas con las novelas de espionaje. Pensar en cómo Dick usa ese género porque comparte las premisas de la doble identidad y del complot. Reconstruir la serie de los mutantes con poderes psíquicos y reflexionar sobre su posición, siempre al servicio de una corporación o de un gobierno. Tratar de entender la multitud de anomalías temporales que aparecen en sus ficciones y qué tipo de historicidad proponen. Trazar hipótesis sobre la simulación de lo humano en los androides y robots que pueblan su literatura, sin olvidarme de aquellos que ni siquiera saben que son un ente artificial. Comparar las realidades débiles en las que sus personajes viven o intentan vivir.

31 DE AGOSTO

Son las nueve de la mañana de un sábado, y ya estoy arriba. Por la ventana, entra un sol como hace meses que no veía. Úrsula maúlla para que le dé comida y después se baña bajo la luz pálida de agosto. En las calles no hay tanto ruido y hoy no tengo resaca. Podría ponerme a limpiar o a trabajar en las correcciones que tengo atrasadas. Entusiasmarme porque a la tarde vamos a proyectar *Blade Runner* en La Coop como cierre del taller. Quiero decir que este podría ser un buen día, una de esas pocas mañanas habitables en el fin del mundo. Pero lo cierto es que no logro meterme en la vida. Soy siempre un extranjero de la situación. Esa condición es la que me pone frente a la pantalla, los dedos sobre el teclado, y me arranca de cualquier mañana, sea luminosa o no.

Ayer fue un día difícil, y apenas pude tomar notas y leer unas pocas páginas de *Minority Report*. Ahí tres mutantes predicen crímenes que el Estado evita encerrando al potencial asesino. La trama central tiene la forma de una conspiración entre facciones del gobierno donde el fundador de Precrimen queda atrapado. Tomé apuntes sueltos sobre los precognitores y sobre la alteración temporal que supone la predicción. Pero me interesó, en especial, el pasaje que describe cómo las máquinas analíticas reorganizan el discurso incoherente de los mutantes en información legible. "A la luz incierta de aquella enorme habitación, los tres idiotas farfullaban palabras ininteligibles. Cada palabra soltada al azar, murmurada sin ton ni son en apariencia, era analizada, comparada, reajustada en forma de símbolos visuales y transcritos en tarjetas perforadas convencionales que se introducían en las ranuras de los ordenadores. A todo lo largo del día, aquellos idiotas balbuceaban entre sí o aisladamente, prisioneros en sus sillas especiales de alto respaldo, sujetados de forma especial en una rígida posición por bandas de metal, grapas y conexiones". Una vez más, el lugar de la verdad en Dick no está en la ciencia, sino en la colaboración de elementos irracionales con la máquina. Creo que el detalle más importante de la escena es que quien ve el futuro no puede entenderlo, es decir, el oráculo no puede hacer uso de su propio poder. Los tres idiotas, como él los llama, están siendo hablados, son instrumentos del lenguaje, y la pregunta que surge es: ¿quién está ahí? ¿Qué tipo de entidad habla a través de ellos? Esa es, también, la pregunta típica de la locura. Lo que vuelve siniestro a alguien que está dominado por un delirio es que parece no pertenecerse, sino estar siendo poseído por una fuerza exterior. La relación entre locura, verdad y predicción se podría remontar hasta los griegos. Pero hay algo más. La particular empatía de Dick hace que nuestra mirada no pierda de vista el estado brutal en que se encuentran distribuidos esos cuerpos. Los mutantes se describen casi como piezas o engranajes de una gran máquina total. La imposibilidad de administrar su propio discurso los obliga, por igual, a la postración y a entregar sus visiones (que son o están en esos balbuceos) a un aparato que las haga utilizables. Los mutantes solo emiten, como si se tratara de radios dañadas, un conjunto de palabras sueltas que las computadoras reciben como discurso roto y devuelven como predicción. Lo atroz del mecanismo está en esa ruptura entre cuerpo y lenguaje.

1° DE SEPTIEMBRE

Después de acostar a los nenes, abro una cerveza y me pongo a rastrear materiales sobre Dick en YouTube. Fue un día largo. Tal vez debería irme a dormir, pero todavía tengo otra cerveza fría en la heladera y nada de sueño. El insomnio, ya se sabe, es el territorio de la tristeza. Pongo entonces uno de los primeros enlaces que aparecen. Su título es *Posible explicación a los glitches en* The Matrix. Se trata de una conferencia que dio Dick en 1977. Pienso que su filosofía está siendo hoy recuperada por sectas supersticiosas. Algo de esos saberes marginales y teorías paranoicas sobre la llegada a la Luna, los anunnakis, la tierra plana que circulan en la red. Ya lo hicieron notar los críticos: la espiritualidad *new age* y otras teologías exóticas son parte del actual aparato crítico en torno a Dick, conectando su giro místico con las actuales modas pseudorreligiosas. Nada de eso me interesa. Pongo *play* en el navegador. Miro, tomo notas, transcribo algunos textuales que me interesan para este diario. Escucho sus delirios con seriedad, descartando la ironía, porque sé que está hablando en serio, aunque diga vaguedades. No hay nada romántico en la locura. Nada que deba ser reivindicado. La enfermedad mental es una herida en la conciencia. Pienso, sin embargo, que en esos estados alterados hay una capacidad particular para capturar vestigios de verdad (sea esto lo que sea). El lenguaje está interferido, y las personas son habladas por algo que no termina de tomar forma. En esa materia oscura que llamamos lenguaje conviven rastros de la vida social sin que podamos percibirlos con claridad. Y a veces hablan. Es siniestro.

Intuyo también la tristeza y la ansiedad que hay detrás de sus palabras ese día. Escucho, entonces: "La gente afirma recordar vidas pasadas. Yo sostengo recordar una diferente, muy diferente, vida presente". Pienso que uno de los movimientos centrales de su literatura consiste en demoler el principio de no contradicción. Hay algo en Dick que podríamos llamar "posición cuántica". Se trata de la posibilidad de ocupar dos ubicaciones distintas en la realidad (que muchas veces son, además, posiciones antagónicas). Esto se ve muy claro en *Fluyan mis lágrimas, dijo el policía*. Ahí tenemos a Jason Taverner, un artista pop que conduce un programa de televisión con treinta millones de espectadores. Una *superstar* a nivel global. Pero Taverner pasa, a través de un incidente, desde la posición de la celebridad a la posición de la no-persona. Despierta un día y nadie lo reconoce, no saben quién es, y además no hay registro legal de que haya nacido. Nada de nada. En ese futuro que Dick imagina como un Estado policial situado en 1988, no tener documentos equivale a dejar de existir. El conserje del hotel mugriento donde despierta a su nueva realidad es un telépata y le dice: "Usted es un hombre famoso y rico pero, al mismo tiempo, no lo es. Al mismo tiempo es usted un nadie. Ni siquiera existe, legalmente hablando". En esta tesis, el problema no sería el pasillo entre un plano y el otro, sino la posibilidad de habitar dos realidades al mismo tiempo, estar a los dos lados del pasillo simultáneamente, *vivir dos vidas muy diferentes en el presente.* El tópico del sujeto escindido está llevado acá al extremo. Porque lo importante es reconocer que una conciencia duplicada no es un hecho fantástico, sino más bien realista. De un realismo capaz de capturar lo inquietante en el funcionamiento de la memoria, por ejemplo. Cuando Freud dice "todo aquel que haya dedicado alguna atención a estas materias tiene que reconocer como un fenómeno muy corriente este de que el sueño testimonie poseer conocimientos y recuerdos de los que el sujeto no tiene la menor sospecha en su vida despierta", está advirtiendo que, en efecto, hay recuerdos de una vida presente muy diferente a la que creemos estar viviendo.

4 DE SEPTIEMBRE

El crítico, como lector, construye la ficción de una distancia neutra con sus objetos. Nadie sabe cómo se sentía Sontag cuando escribió las *Notas sobre lo camp* ni qué pasó en la vida de Tiniánov el día en que terminó su ensayo sobre la lengua poética. Mi intención es imbricar a Dick con el paisaje mental de este estado de ánimo hasta el punto de no saber cuándo hablo de una cosa y cuándo hablo de la otra.

7 DE SEPTIEMBRE

El ruido de Once entra por la ventana y vuelve hostil la escena de escritura. No vivo en un barrio, sino en el país de las mercancías, y su banda de sonido es el rumor del comercio. Un ruido que siempre tiene un componente metálico. A la mañana me conecté por videollamada para hablar sobre su novela con D., que vive en Córdoba. Todo el tiempo estuve pensando en el videófono, que es otro elemento que se repite en las ficciones de Dick, aunque su imaginación técnica era más bien simple y las tendencias tecnológicas que previó, por lo general, están erradas. Más tarde, bajo a comprar algo para el almuerzo. Miro en los locales la multitud de peluches, adornos kitsch, flores de plástico, juguetes, artículos de electrónica barata, mientras los vendedores chinos fuman en la vereda y los compradores se reúnen apretados en el interior de los locales. La mercancía, pienso, no es el nombre que recibe un objeto, sino una posición del objeto dentro de las relaciones sociales. Y la ciencia ficción es un campo productivo para pensar este problema. Se trataría de reorientar el flujo de perturbaciones que nos produce el contacto alienado con las cosas. Porque estas ficciones muchas veces son capaces de poner en crisis nuestra percepción. Hay, acá, una lámpara. Hay, quiero decir, un evento al que llamo lámpara y que reúne las condiciones en que fue fabricada y esta luz amarilla bajo la que escribo. Hay dos tiempos en el objeto donde su actualidad de luz amarilla no logra borrar su pasado en la línea de ensamble. Hay, también, dos geografías en el objeto; su ubicación actual en esta ciudad no aniquila su origen en, digamos, China. ¿Bajo qué condiciones podría un relato mostrarnos estas simultaneidades?

8 DE SEPTIEMBRE

Al mediodía, mientras los nenes almuerzan y miran la tele, me pongo a preparar la primera clase de este mes.

Vamos a trabajar el tema de realidades débiles en dos relatos, "Pieza de exhibición", de 1954, y "Podemos recordarlo por usted", de 1966. Espero encontrar la lógica de los debilitamientos, lo que Mark Fisher llama *fragilidad ontológica*. Una ontología dickeana debería partir de la siguiente premisa: la realidad es un enorme edificio, un rascacielos deslumbrante que, ante la primera embestida, tiembla para mostrar que sus cimientos son de barro. Organizo el día para poder leer los cuentos mientras los nenes dominguean, vamos a la plaza, hago el almuerzo, nos preparamos para empezar la semana.

"Podemos recordarlo por usted" inspiró la película *Total Recall*, protagonizada por Schwarzenegger y Sharon Stone, de modo que mientras voy leyendo me van llegando imágenes y no puedo dejar de superponer a Douglas Quaid, el protagonista, con la cara del T-800 en *Terminator*. Es una experiencia típica: cuando veo primero la adaptación cinematográfica de un texto, siempre quedan residuos que se mezclan en la lectura. Pero, de a poco, se va abriendo otra memoria. Una escena en el departamento de Ramos Mejía, donde vivíamos cuando tenía 6 o 7 años. Todo era muy precario, debíamos varios meses de alquiler y el dueño nos iba a terminar echando por falta de pago. Incluso en esas circunstancias, mi padre había conseguido una videocasetera. Eran los primeros años del menemismo, y él no tenía trabajo. De hecho, usaba un documento falso, y yo tenía instrucciones de llamarlo de otra manera si, por alguna razón, la policía nos paraba en la calle. Después supe que estaba a la espera de la prescripción de una causa penal. Algo confuso, que ahora recuerdo como el murmullo de la conversación adulta en casa. Un algo inasible, que flotaba entre nosotros como una neblina y que también podría conectarse con la lógica dickeana de la doble identidad y el mundo sumergido bajo una superficie de apariencias falsificadas. Mamá trabajaba como cajera en el Banco de Boston y era el sostén de esa casa, de todos nosotros, mientras sufría la presión brutal del trabajo. Recuerdo que tenía ataques de hígado muy frecuentes, ataques duros que la dejaban de cama por varios días (algo que, a mi modo, también heredé). Y en esos años tuvo su primera internación en una clínica psiquiátrica. Pero todo esto lo recuerdo hoy, ahora, a partir de imágenes inconexas: las noches, cuando mamá se iba a dormir y nos quedábamos frente al televisor mirando alguna cosa. Ubico en esa escena la primera vez que vi *Total Recall*, y ese sería, ahora que lo pienso, mi primer acercamiento a Dick sin saberlo. Lo recuerdo por un desnudo, tal vez de Sharon Stone, algo que no debí ver y que sin embargo mi padre no hizo ningún esfuerzo por evitar que viera. Y también por la cara de Schwarzenegger dentro de otra cara, una máscara mecánica que usaba para encubrir su identidad. Supongo que papá había alquilado la película porque se había estrenado en esos años. Estábamos él y yo, en la penumbra del living, apenas alumbrados por el resplandor del televisor, en esa forma de estar juntos en silencio, casi indiferentes al cuerpo del otro, que es la única forma de presencia amable que alguna vez nos reunió, y donde yo estoy deslumbrado por el cuerpo desnudo de una mujer y por el viajero que intenta llegar a Marte. A la experiencia duplicada de leer algo que antes vi en una pantalla se le suma ahora una tercera capa de recuerdos infantiles. En el intrincado sistema de mi memoria, las palabras del relato funcionan primero como atractores de las imágenes de la película; después las imágenes de la película atraen una escena enterrada en el olvido de mi niñez. Estoy haciendo una experiencia con mi propia memoria, pienso. Un intento de conectar el mecanismo proustiano del recuerdo involuntario con las memorias implantadas en Dick.

10 DE SEPTIEMBRE

Si tuviera que elegir una sola frase para definir la obra de Dick sería una que está pérdida entre las páginas de *Fluyan mis lágrimas...* que leí la semana pasada: "La realidad negada regresa para atormentar". Creo que condensa todo su sistema narrativo. En su literatura siempre hay un mundo abandonado, enterrado, dejado atrás por un individuo o por toda una comunidad, y el conflicto llega cuando ese mundo encuentra la forma de volver y reinstalarse en la actualidad, aunque tenga que servirse de una nueva apariencia. La persistencia espectral del pasado está presente en toda la literatura de Dick.

12 DE SEPTIEMBRE

Pienso en la estructura del delirio, que puede ser sueño o pesadilla, pero sobre todo es una forma de colapsar el presente, desviar el curso del tiempo. Creo que Dick entiende la alienación —en su doble sentido de locura y enajenación— no necesariamente como algo impuesto, sino que muchas veces se podría tratar de un movimiento defensivo, pero voluntario. El protagonista de *Tiempo desarticulado*, Ragle Gumm (pero más bien deberíamos decir "algo" en Ragle Gumm que no es consciente), huye hacia los años cincuenta porque el presente le resulta insoportable. En su libro sobre Philip K. Dick, Carrère define el síndrome de aislamiento —uno de los tantos diagnósticos que cayeron sobre Dick— como la "negación a afrontar la realidad y la fuga de ella que lo lleva a refugiarse en una construcción delirante". Hay multitud de personajes suyos que elaboran la realidad de esta manera. Kathy, por ejemplo, que en *Fluyan mis lágrimas...* explica que trabaja para la policía porque su novio está en un campo de trabajos forzados y le prometieron liberarlo cuando, en realidad, su novio está muerto. Un policía explica esta situación a Taverner: "Está perfectamente adaptada al mundo exterior, con excepción de esa idea fija. Nunca desaparecerá; le es indispensable para el equilibrio de su vida. Es una idea inofensiva, y le ayuda a sobrevivir".

15 DE SEPTIEMBRE

Recuerdo que ese mismo año en que leí a Dick como un sonámbulo, en libros usados y fotocopias resaltadas con marcador, participé de un pequeño grupo de estudio sobre *El AntiEdipo*. Éramos cuatro o cinco personas que se juntaban en bares de mala muerte en el oeste del conurbano y trataba de entrar a un texto arduo pero maravilloso. Ahí escuché hablar, por primera vez, de movimientos antipsiquiatría y de esquizoanálisis. Por supuesto, yo pensaba en mi madre. En las internaciones, en la medicación y en sus últimos días en la clínica.

Lo que Dick parece compartir con *El AntiEdipo* es una crítica rabiosa al principio de realidad (que Mark Fisher se encargó de enlazar al *realismo capitalista*). El libro de Deleuze y Guattari nos ayuda a pensar que Freud hizo dos descubrimientos simultáneos: el inconsciente como estructura del aparato psíquico y su forma, que podemos llamar, al menos de manera provisional, triángulo edípico. Lo que nos dicen es que no es necesario aceptar ambas. Podemos afirmar que existe el inconsciente sin aceptar el Edipo como algo más que su forma de organización histórica y contingente. El problema sería que tanto el deseo como los productos que emergen en el sujeto a partir del deseo son capturados por la figura edípica una y otra vez. La función del padre, por ejemplo, que representa la ley. Si en un sueño, una alucinación o un delirio aparece cualquier figura de autoridad —jefe, general, juez, presidente, etcétera—, el psicoanálisis va a superponerla al padre. Se pierde así la potencia de la figura —no es lo mismo un general que un jefe—, y la productividad de sentido se reduce al triángulo familiar: niño-mamá-papá, que sirve como esquema para la interpretación de cualquier emergencia del inconsciente e ignora otras triangulaciones productivas.

El AntiEdipo es un libro dickeano en la medida que piensa que todo delirio posee un contenido histórico-mundial, político, racial, de género. No hay delirio paranoico que no agite determinadas masas históricas, geográficas y raciales. El problema no sería pensar que Dick deliraba en sus ficciones, sino ignorar los materiales políticos que se agitan en sus delirios. Cuando Deleuze y Guattari niegan la figura psiquiatrizada y hospitalizada en la que deviene el esquizo, parecen capturar lo mismo que percibía Dick en *Minority Report* al describir los cuerpos devastados de los precognitores y el uso espurio de su palabra.

Y, a la vez, sería un error concluir, por ejemplo, que los fascistas son simples paranoicos. De esa forma, llevaríamos el contenido histórico y político del delirio a una determinación familiar. El delirio —en términos clínicos— tiene contenidos políticos que están organizados (o desorganizados) por los circuitos deseantes de quien delira. Para Deleuze y Guattari, el esquizo —Dick, mi madre, etcétera— no pierde contacto con la realidad, sino que es quien está más cerca del corazón palpitante de la realidad. *El AntiEdipo* deja claro que no se puede decir que el fascismo es un delirio, porque eso sería otorgarle una fuerza que no posee. El fascismo es un discurso racional, profundamente racional y coherente con la realidad capitalista, que no tiene contacto con la potencia del delirio. Proponen, en cambio, que es la libido la que debe cargar el campo social con las formas inconscientes y, con ello, *alucinar la historia, delirar las civilizaciones, los continentes, las razas*, y sentir intensamente *un devenir mundial*. ¿Y no es eso lo que hace Dick cuando escribe sobre colonias en Marte, identidades duplicadas, complots políticos, mutantes con poderes psíquicos, anomalías temporales o androides indistinguibles de lo humano? Dick es un *glitch* en las pantallas que propagan la señal del realismo capitalista. Es ruido blanco en los canales de nuestro inconsciente edipizado. Es un virus en el circuito cerrado de la época.

Marxismo gótico

> "Este es un tipo de marxismo que se posiciona
> no solo en contra de la explotación de clase y
> demás sino también contra el desencanto de un
> cierto tipo de racionalidad fría y abstracta".
>
> CHINA MIÉVILLE

I

UNO DE LOS CUENTOS más perturbadores de China Miéville se llama "Cimientos" y trata de un hombre al que "le susurran las casas". Es algún tipo de trabajador, no un inspector de obra o un ingeniero civil, pero alguien que cobra por *escuchar* los cimientos de las construcciones y dar un diagnóstico sobre fallas estructurales en los muros. El hombre dice qué problema es menor y qué problema debe atenderse bajo peligro de derrumbe. Las inmobiliarias y los consorcios lo contratan porque nunca se equivoca. Pero lo que el hombre escucha, en verdad, son las voces de los muertos, una voz colectiva que habla desde debajo de la tierra, un "arroyo de muertos" sobre el que está construida la ciudad entera y que, además de susurrar sobre las construcciones que pesan sobre ellos, dicen tener hambre.

Miéville imagina un personaje que vende como mercancía lo que no es otra cosa que un evento fantástico. En esto sigue a Philip K. Dick cuando propone telépatas y precognitores en *Ubik,* que se dedican al espionaje empresarial. O a los mecánicos que en la primera escena de *Alien,* cuando la nave los despierta del sueño criogénico porque hay un pedido de auxilio, preguntan si van a cobrar un bono por el tiempo extra que lleve el rescate. Creo que no hay síntoma más brutal del *realismo capitalista* que la imaginación de un futuro que propone la irrupción de un evento maravilloso (escuchar las voces de los muertos, encontrar vida alienígena) y, al mismo tiempo, personajes que discuten paritarias o venden sus dones extraordinarios en el mercado de trabajo.

Pero el personaje de Miéville vive mal, tiene pesadillas, pánico, depresión. Un día decide dejar caer un edificio. Los cimientos le advierten que va a derrumbarse, pero él no transmite la información al consorcio, y unos meses después hay decenas de muertos por la caída de un muro. Ahí tienen, dice el hombre a los muertos, ahora coman. En ese punto, Miéville decide que su narración gire hacia el pasado: el hombre "ayudó" a construir los cimientos; fue durante una guerra en 1991, cuando los vencedores hicieron fosas comunes y, sobre esa estructura de cadáveres, reconstruyeron la ciudad en ruinas.

La escena hace pensar en los *fantasmas renderizados* de los que habla Hito Steyerl, una ciudad que podría localizarse en Siria o en Iraq, donde se proyectan imágenes virtuales de la reconstrucción mientras todavía dura la guerra. Los *felices patios de juego* del futuro se superponen al presente de la ciudad devastada. "La construcción

—dice Steyerl— se transformó en la continuidad del conflicto armado por otros medios".

El problema es que el hombre cometió un error. Los cimientos no querían castigarlo ni ser vengados. El día después del derrumbe *los muertos siguen murmurando las mismas cosas* sencillamente porque todo lo que rodea al hombre fue construido sobre ellos. No esperan nada. Y, por eso mismo, nunca se irán.

La paradoja que plantea Miéville es trágica en el sentido clásico. El hombre es un *mal médium,* alguien que escucha los ecos fantasmales del pasado pero no sabe interpretarlos y, por eso mismo, ocasiona la desgracia.

II

En el fondo, el relato de Miéville no hace más que reutilizar un tópico de la literatura gótica: la casa embrujada. *El castillo de Otranto,* novela con la cual Horace Walpole inicia el género gótico en 1764, narra la ocupación de una misma propiedad por una familia a lo largo de generaciones, y es el pasado que reverbera lo que parece producir la aparición del espectro. Podríamos decir que es el retorno de lo reprimido, del evento traumático, en tanto síntoma de una familia que intenta resistir a la evolución social general y permanece aferrada a una edad dorada pero muerta.

¿No es acaso el castillo europeo —o la mansión sureña en Estados Unidos— el lugar privilegiado para la aparición espectral? Son esas familias aristocráticas que han sido despojadas y vencidas por la burguesía las que sostienen una relación melancólica y enfermiza con el pasado de la que surgen los fantasmas. Espectros que rondan las ruinas de un proyecto político y económico que se extinguió. El cementerio indio debajo del Hotel Overlook que añade Kubrick a la novela de Stephen King en *El resplandor* no es más que una variante de la misma lógica. El pasado que se niega a retirarse.

La diferencia en "Cimientos" es que no se trata de una familia sino de toda una ciudad que fue derrotada en la guerra, y por eso mismo su voz no es individual, sino colectiva: es un ejército fantasmal que habla como legión.

III

Mark Fisher definió como hauntología a una forma de reflexionar sobre el carácter espectral del pasado (lo que ya no es) y también del futuro (lo que todavía no es) y sus efectos sobre el presente. Intentó establecer así una ambigüedad ontológica en el presente, que no puede reducirse a lo materialmente existente en el *ahora*, sino que también se compone de todo aquello que ronda la actualidad fantasmagóricamente.

Podríamos decir que "Cimientos" es un cuento *hauntológico* en la medida que está indagando en cómo actúan sobre el presente las presencias espectrales. El hombre que "ayudó" a construir los cimientos revive la escena como evento traumático del que no se puede liberar. Una tesis del propio Marx podría ayudarnos a revisar esta causalidad; se trata del conocido pasaje del *18 Brumario*: "La tradición de todas las generaciones muertas oprime como una pesadilla el cerebro de los vivos", porque es ahí donde percibimos que el presente, tanto para Fisher como para Marx, es susceptible de posesión por los espíritus del

pasado. Hay, entonces, una actualidad embrujada, un ace-
cho de los muertos sobre los vivos[1].

Pero en el otro extremo del presente, al otro lado
de la temporalidad, está lo que "todavía no es", que en
Fisher funciona como un atractor, es decir, como un evento virtual capaz de atraer eventos materiales hacia sí. Y ahí
tenemos que recordar una segunda aparición del espectro
en Marx: "Un fantasma recorre Europa: el fantasma del
comunismo. Todas las fuerzas de la vieja Europa se han
unido en santa cruzada para acosar a ese fantasma". No
solo los fantasmas del pasado sino también los fantasmas
del futuro acechan el presente. Lo que se percibe como in-
minente, lo que parece estar a punto de suceder, modifica
de manera radical nuestras vidas cotidianas. Y esto solo
significa que el presente está condicionado por agentes
virtuales que lo delimitan y le dan forma.

IV

Todavía quedaría una tercera forma del fantasma en
la teoría marxista. Este espectro aparece en el capítulo sobre la mercancía de *El capital:* "Lo misterioso de la forma
mercantil consiste sencillamente, pues, en que ella refleja
ante los hombres el carácter social de su propio trabajo
como caracteres objetivos inherentes a los productos del
trabajo, como propiedades sociales naturales de dichas
cosas, y, por ende, en que también refleja la relación social que media entre los productores y el trabajo global,

---

1. Para lo que podríamos llamar el "caso argentino", es interesante revisar las tesis de Elsa Drucaroff en *Los prisioneros de la torre,* Buenos
Aires, Emecé, 2011, donde repasa la relación y el conflicto entre generaciones en la escena literaria de posdictadura.

como una relación social entre los objetos, existente al margen de los productores. [...] Lo que aquí adopta, para los hombres, la forma fantasmagórica de una relación entre cosas, es solo la relación social determinada existente entre aquellos".

Miéville analiza con lucidez lo que esto significa en términos políticos y también en términos literarios en su ensayo "Marxismo y fantasía". Porque si son los sueños y las quimeras de las mercancías las que reinan, la vida real en el capitalismo es una fantasía, y el realismo, en rigor, una representación realista de un *absurdo que es verdad*. Por eso, dice Miéville, lo fantástico puede ser de especial interés a los marxistas, dada la extraña composición de la realidad social y de la subjetividad moderna. Porque toda la realidad vivida en el capitalismo es, en último término, fantasmagórica.

V

En una conferencia de 2013, China Miéville decidió emprender una defensa de la celebración de Halloween. La charla tuvo lugar en Estados Unidos, y sus argumentos se expandieron en una defensa ardiente del terror y de la fantasía como elementos revulsivos para la lógica del capital. Miéville dijo estar interesado en "una tradición alternativa del marxismo que gira alrededor del surrealismo y otras corrientes fantásticas, que a veces es llamado *marxismo gótico*". Esa fue la primera noticia que tuve sobre una forma del marxismo capaz de reflexionar sobre el significado social de vampiros, fantasmas, territorios encantados y eventos maravillosos.

Pero no fue Miéville el primero en hablar del *marxismo gótico,* sino Margaret Cohen en su libro *Iluminación profana,* de 1993[2]. Ahí lo define como "una genealogía marxista fascinada por los aspectos irracionales del proceso social, una genealogía que intenta estudiar cómo lo irracional penetra la sociedad existente, soñando con utilizarla para efectuar el cambio social".

Ya se dijo en varios lugares que el marxismo es un hijo legítimo de la Ilustración y que, como tal, arrastra los mismos vicios y las mismas zonas de corrupción que la razón iluminista. Lo que intenta Cohen en su libro es mostrar que existe, también, un Marx gótico que es capaz de pensar el capital como un vampiro o servirse de la figura del fantasma para describir el proceso de producción[3].

El marxismo contó, entre sus filas, con distintas líneas —casi siempre subterráneas, minoritarias, no oficiales— que intentaron conquistar para el campo de la revolución esos eventos extraños que surgen de las mismas

2. El mismo año en que Derrida publica *Espectros de Marx* e inicia lo que se conoce como "giro espectral" en las ciencias sociales. Como me hizo notar Facundo Nahuel Martín, tal vez haya que leer este emergente como un síntoma del breve período entre la caída del bloque soviético y la aparición del Ejército Zapatista de Liberación Nacional (EZLN) en México como nueva hipótesis política para la izquierda radical.

3. Jack Halberstam también trabajó sobre este tema en su libro *Skin Shows: Gothic Horror and the Technology of Monsters* (1995): "El mismo Marx —dice— enfatizó la naturaleza gótica del capitalismo [...] al emplear la metáfora del vampiro para caracterizar al capitalismo [...] Si bien es fascinante observar la coincidencia que aquí se da entre la descripción que hace Marx del capital y los poderes del vampiro, no es suficiente decir que Marx utiliza metáforas góticas. De hecho, Marx está describiendo un sistema económico, el capitalismo, el cual es positivamente gótico en su habilidad para transformar la materia en mercancía, la mercancía en valor, el valor en capitalismo".

relaciones sociales capitalistas. Walter Benjamin, para pensar en un caso paradigmático, reivindicó el movimiento surrealista como una corriente capaz de *sumar a la revolución las fuerzas de la embriaguez.*

Benjamin parte de la tesis que afirma que el lenguaje está embrujado. Conviven en él los usos actuales de las palabras con antiguos y remotos significados que todavía son capaces de manifestarse, como espectros, en la medida que las palabras puedan alcanzar cierto grado de extrañamiento. Michäel Löwy, en un comentario a este ensayo de Benjamin sobre los surrealistas, dice: "El marxismo gótico, común a ambos —Breton y Benjamin— sería, pues, un materialismo histórico sensible a la dimensión mágica de las culturas del pasado, el momento 'negro' de la revuelta, a la iluminación que desgarra, como un relámpago, el cielo de la acción revolucionaria".

Si aceptamos que la Era Moderna y el capitalismo se caracterizan, como ya señaló Max Weber, por promover el desencantamiento del mundo, la visión romántica (de la que el surrealismo es la "cola del cometa" según Breton), se apoya, sobre todo, en la aspiración —a veces desesperada— de un reencantamiento del mundo. Aunque lo que distingue al surrealismo de los románticos del siglo XIX es, como bien comprendió Benjamin, el carácter profano y post-místico de sus *fórmulas de encantamiento.*

El *marxismo gótico* piensa la realidad social como un campo cargado de pulsiones, deseos, terrores y objetos libidinales. Por eso le parece que el proceso social es irreductible a las lógicas abstractas del capital. Desde este punto de vista, las prácticas revolucionarias no pueden reducirse a las tareas que apelan a la *conciencia* de las mayorías oprimidas —como la propaganda, por ejemplo—, sino que debe entrar en contacto con esos restos espectrales de la producción social.

VI

El *marxismo gótico* es un campo político capaz de hacerse cargo de los desechos que viajan hacia nuestro pensamiento político desde galaxias remotas. La función gótica atrae una serie de criaturas y estados de ánimo que no podríamos decir que conecten con facilidad, en principio, con la tradición marxista. Por eso lo gótico es una prótesis para el marxismo, un nuevo campo que se acopla y permite la exploración de mansiones embrujadas, demonios, cementerios, hombres lobo, brujería, fantasmas y *doppelgänger*. Un *lenguaje del terror,* como lo llamaba Fisher, que necesita ensamblarse con conceptos como *trabajo muerto* en Marx o *cuerpo sin órganos* en Deleuze y Guattari.

Si lo que conocemos como *marxismo científico* es una larga noche de insomnio, una noche blanca de paranoia y ansiedad donde nuestra razón no encuentra salida al *loop* temporal que llamamos capitalismo tardío, lo que viene a ofrecer el *marxismo gótico* es trabajo onírico al servicio de la revolución.

La guerra continúa

"Volveré a leer a Marx. La guerra continúa".

Santiago López Petit

I

Es común encontrar el nombre de *The Wire* entre las mejores series de la historia. Y pienso que este tipo de *consensos automáticos* entre espectadores son un buen material para indagar en los sobreentendidos que circulan con la apariencia de acuerdos. ¿Qué tipo de formulaciones sociales y políticas plantea la serie a lo largo de sus cinco temporadas? ¿Qué indica que una ficción hiperrealista despierte tanto interés? ¿Dónde se localiza el encanto de *The Wire*?

Una hipótesis inicial podría formularse de esta manera: la serie es un objeto complejo que nos permite entender eso que se llamó *neo noir* y que se articula con un realismo extremo. Ya no estamos en el territorio de tensión entre policial de enigma y novela negra, porque esa tensión respondía a lógicas que, si bien eran opuestas, dependían de elementos simbólicos, es decir, de mediaciones. En la serie, en cambio, los elementos fantasmáticos son reemplazados por trazados casi documentales.

The Wire depende tanto de la ciudad real, de la Baltimore realmente existente, que rechaza toda sombra de imaginación. O casi toda.

II

Podríamos presentar la siguiente tesis diciendo que *The Wire* es la Comedia humana de finales del siglo XX. Novelas y relatos contiguos que muestran el gran panorama de la ciudad moderna. Como en Balzac, no alcanza un solo relato para reunir la totalidad geográfica que es, a su vez, una totalidad social[4]. La narración que hace *The Wire* de Baltimore intenta unir puntos distantes en el cielo estrellado de la ciudad: los *dealers* de la cuadra, los sindicatos en el puerto, los adictos, los narcos del exterior (Europa, América Latina, etc.), los trabajadores de la construcción, los barrios populares negros, los barrios populares blancos, los políticos locales, las escuelas, los políticos nacionales, los prostíbulos, los escenarios de lujo para empresarios y funcionarios, la policía (y dentro de la policía las muchas y desconectadas áreas: Homicidios, Narcóticos, Delitos Financieros, Patrulleros, etc.).

Cuando Fredric Jameson piensa a Raymond Chandler, dice: "Como ya no existe ninguna experiencia privilegiada en la que se pueda comprender la totalidad de la estructura social, se debe inventar una figura que pueda superponerse a la sociedad en su conjunto, cuya rutina y

---

4. Un caso extraño de narraciones que intentan capturar totalidades geográficas que son, a su vez, totalidades sociales, políticas y económicas lo podemos encontrar en *Games of Thrones,* donde el género conocido como *fantasy,* que no reniega de la magia ni de las criaturas maravillosas, se inscribe, sin embargo, en un realismo político extremo.

patrón de vida sirven de alguna manera para unir sus elementos separados y reunir sus partes aisladas". Pero en *The Wire* esa figura no existe. No hay un detective, sino diez, veinte, incontables. No hay una investigación, sino varias en simultáneo. No hay un criminal, un típico dueño de la ciudad, como había en las novelas de Chandler o Hammett, sino que se multiplican y se reemplazan y se dispersan.

¿Qué puede suplir ese punto de vista privilegiado que permita comprender la estructura social, ahora más abstracta y más compleja? La tecnología. Por eso el nombre de la serie refiere a las escuchas telefónicas. *The Wire* empezó a emitirse en 2002, cuando los artefactos de la comunicación digital empezaban a mostrar su poder y ubicuidad. Las investigaciones se apoyan en los primeros GPS, en *beepers*, en cámaras de seguridad, en celulares prepago descartables, en micrófonos de fibra óptica. La segunda hipótesis debe completarse, entonces, de esta manera: la situación urbana que vio nacer al detective se complejizó de tal manera que ya no hay verosímil que permita generar una sola figura capaz de conectar todos los escenarios sociales. La tecnología —como ente unificado— reemplaza la mirada humana capaz de alcanzar la totalidad social.

III

Como en un juego de espejos, *The Wire* también nos muestra el reverso de ese movimiento por el cual la tecnología, es decir, el capital constante, reemplaza la figura del detective en la novela negra. Porque la imagen que obtenemos de Baltimore a lo largo de las cinco temporadas es la de una ciudad que funciona como una máquina. Policía, grandes narcotraficantes, adictos, *dealers* de esquina, políticos, empresarios inmobiliarios, contratistas, trabajadores de la construcción, sindicatos, empresas armadoras en el puerto, estibadores, importadoras, escuelas, supervisores estatales, jueces y fiscales, periodistas, grandes masas de desocupados. Todos componentes o engranajes de un funcionamiento general y abstracto que los habitantes de la ciudad perciben como objetivo y preexistente, algo que no puede modificarse. La misma posición que tiene el obrero en la fábrica a partir de la racionalización en la producción que impulsaron primero Taylor y después Ford.

Lester Freamon, uno de mis personajes preferidos, tiene una línea en la primera temporada que marca el pulso de la serie: "Si seguís el camino de la droga, te llevará a adictos y *dealers*. Pero si seguís el camino del dinero, nadie sabe adónde mierda puedas llegar". Él es parte de un grupo de policías que intenta hacer *verdadero trabajo policial,* es decir, dejar de levantar niños y adolescentes que venden drogas en las esquinas y llegar a los jefes. Pero ¿quiénes son los jefes? El rastro del dinero producido por el narcotráfico puede llevarlos hasta los donantes de campaña del alcalde, al fiscal, a los legisladores. El trazo del dinero puede unir al pequeño pandillero con el gran narcotraficante, y al gran narcotraficante con el político en campaña, y al político en campaña con el empresario inmobiliario, y así. "El dinero no tiene propietarios —dice Omar Little—, solo gente que lo gasta". La ciudad es una enorme cinta mecánica que transporta dólares de un extremo a otro los 365 días del año y las 24 horas del día. Y como dice Freamon: "Todas las piezas importan". Por supuesto, en el final de esa temporada es la misma policía la que impide que la investigación avance. Ellos no son una mirada externa —como lo era el detective de la serie negra—, sino una pieza fundamental del mecanismo.

IV

Hagamos un poco de historia. Baltimore es parte de lo que antes se conocía en Estados Unidos como "Cinturón industrial" y ahora recibe el nombre de "Cinturón oxidado" después de la crisis de los años ochenta. A la industria pesada, Baltimore sumaba ser uno de los puertos más importantes del país (de ahí la centralidad del sindicato de estibadores en la segunda temporada). De todo eso queda poco y nada. Para comprender la profundidad de la metáfora de la ciudad-máquina deberíamos repasar el lugar que tuvieron los procesos de automatización en el cordón industrial. Detroit, en Michigan, era conocida como *Motor City* por su enorme industria automotriz y hoy, después de recibir las embestidas de la crisis económica, se la conoce como *Ghost Town*.

Esta historia debería empezar en 1913, cuando aparece la cinta de ensamble mecánica. Aunque la idea de cadena de producción es anterior, lo que introduce Ford es el ritmo de trabajo regulado mecánicamente, de manera exterior al obrero. Para que el flujo sea continuo, las piezas a ensamblar tienen que ser intercambiables, no puede haber piezas con pequeñas variaciones aleatorias. La necesidad de generar componentes idénticos inaugura la era de la producción en masa de artículos estandarizados. Las consecuencias de la cinta de ensamble para Benjamin Coriat son dos. Por un lado, la prolongación brutal de la duración de la jornada efectiva de trabajo. Por otro, la parcelación del trabajo. Ford afirma en su autobiografía: "Todo el mundo trata de suprimir la necesidad de la destreza en todos los empleos de la mano de obra [...] En la fundición, por ejemplo, donde antes se hacía todo el trabajo a mano y donde había obreros especializados, no hay ya, desde la racionalización, más que un 5% de moldeadores y fundidores realmente especializados. El 95% restante son obreros especializados en una sola operación que el individuo más estúpido puede estar en condiciones de ejecutar en dos días. El montaje se hace enteramente a máquina".

El ritmo de crecimiento de la Ford es el ritmo del crecimiento de Detroit. De 450.000 habitantes en 1910 pasa a casi 2.000.000 en 1950. La edad de oro del automóvil es la edad de oro de la ciudad. Pero todo lo sólido se desvanece en el aire, y en la década de 1980, con la automatización total de las plantas, los obreros quedan en la calle. La ciudad cyborg se convierte ahora en *Ghost Town*. Al éxodo de los trabajadores blancos, se le superpone el desempleo permanente de los trabajadores negros[5].

¿En qué otra ciudad podía haber nacido el mito de Robocop? La película que apareció en 1987 muestra un futuro próximo donde Detroit sigue al borde del colapso. La *epidemia de crímenes* hace que el gobierno delegue en una gran corporación —la ocp— el control policial de la ciudad. La empresa tiene planes para tirar abajo la "vieja

---

5. *Barbarian*, la película que Zach Cregger estrenó en 2022, presenta una mirada fantasmática —y aterradora— de la superposición de temporalidades en Detroit. El espectro del éxodo blanco en lo que alguna vez fue un barrio de trabajadores y hoy no es más que casas abandonadas (o incendiadas) se despliega en sótanos y pasillos subterráneos donde el pasado traumático quedó encerrado y ahora amenaza con volver.

Detroit" y construir un nuevo escenario[6]. Para eso es necesario dispersar la violencia social desatada por el desempleo y la indigencia. Uno de sus programas reutiliza partes del cuerpo de un policía muerto para conectarlo a prótesis robóticas. Robocop es el cyborg paradigmático, la reunión del material orgánico humano con dispositivos cibernéticos y lógicas maquínicas, y su historia, por supuesto, es una historia sobre la identidad: ¿quién controla a quién? ¿Lo humano al robot o la máquina a los restos orgánicos sin vida? Lo que creo que se repite, tanto en *Robocop* como en *The Wire,* es el paso del capital variable (trabajo humano) al capital constante (maquinaria, tecnología).

Desde otro imaginario, *The Wire* parece preguntar quién controla la ciudad. Las mismas masas de desempleados que pueblan las calles espectrales de Detroit son las que en Baltimore construyen los ejércitos de adictos y pequeños traficantes. Uno de los chicos de las esquinas dice en la cuarta temporada: "No me pagan hasta las ocho". La esquina es la nueva fábrica. Los *dealers,* los sicarios, los adictos, todas piezas intercambiables en la gran maquinaria del narcotráfico. El capital, como entidad ciega, abstracta y automatizada (*gran autómata,* lo llama Marx), es la fuerza sin cara del dominio.

---

6. Como en el caso de "Cimientos", el cuento de China Miéville que analizo en "Marxismo gótico", también es posible pensar este argumento en relación con las hipótesis de Hito Steyerl en su libro *Arte Duty Free,* donde analiza las articulaciones entre guerra y negocios asociados a la (re)construcción de ciudades en ruinas.

V

Se sabe que el género policial clásico (el policial de enigma) tiene una fecha de fundación. En 1841, Edgar Allan Poe publica "Los crímenes de la rue Morgue", y su protagonista, el detective August Dupin, funciona como modelo para todos los detectives que llegarán después: Holmes, Poirot, el padre Brown. Cientos de personajes que utilizan su inteligencia para resolver un crimen.

Ricardo Piglia hizo notar que es el agente de la Continental, personaje de la novela *Cosecha roja,* que Dashiell Hammett publicó en 1926, el primero en salir del campo de la inteligencia e ir hacia la experiencia (de la biblioteca a la calle, podríamos decir). Ahí descubre que todo delito —asesinatos, secuestros, robos, etc.— sigue una cadena no guiada por la razón, sino por la lógica económica. Es el dinero el principal atizador de la violencia social. Los vínculos capitalistas no pueden explicarse como un problema matemático, sino como resultados de la forma dinero, es decir, de las relaciones de producción.

The Wire está situada en Baltimore, ciudad donde Poe vivió y murió en 1849. Todavía se conserva su casa como museo. Sus restos fueron enterrados en el cementerio de una iglesia gótica en la esquina de Westminster Hall & y Burial Grounds. Ahí están la biblioteca Enoch Pratt y la taberna de Annabel Lee, donde suponemos que Poe pasaba sus horas. Esta superposición temporal me interesa.

El fantasma de Poe, que recorre Baltimore, es invisible para sus propios habitantes. En la serie, hay varios momentos en que se lo menciona, pero los chicos que venden drogas en las esquinas no saben quién fue; confunden su nombre, "¿Edward Poe?", y su casa es solo el punto de reunión para turistas. No hay lectores de Poe entre los pandilleros, ni entre los policías, ni entre los políticos, ni entre los sindicalistas[7].

El espectro de Poe deambula por Baltimore sin que nadie lo reconozca. El escritor que fundó ese espacio imaginario que conocemos como *policial* es un evento olvidado en el *interior* de una serie policial. El realismo estricto de *The Wire,* como decíamos, se resiste a cualquier referencia literaria. El nivel simbólico del policial está muerto.

VI

Antes de la mundialización de la novela negra, es decir, antes de su llegada a Francia y, desde ahí, al resto del mundo, el género sufrió una mutación profunda. Autores como Jim Thompson y David Goodis prescindieron del detective y pusieron en el centro de la escena a dos figuras: criminal y víctima.

Goodis aporta a esto la idea de que el nuevo protagonista del género es autodestructivo, hecho en los márgenes sociales, herido, que empuja los relatos a la zona de la psicopatología. En sus palabras, el modelo es el de un "artista frustrado" o, mejor aún, "un experto en la

---

7. Creo que *The Wire* captura muy bien la aceleración en las temporalidades contemporáneas, donde la práctica social que conocemos como lectura se vuelve un evento extraño. En el inicio del siglo XXI, con el capital financiero acelerando aún más su dinámica, la droga se muestra como la mercancía perfecta. Algo que ya había percibido William Burroughs: "La droga es el producto ideal, la mercancía definitiva. No hace falta literatura para venderla. El cliente se arrastrará por una alcantarilla para suplicar que le vendan. El comerciante de droga no vende su producto al consumidor, vende el consumidor a su producto. No mejora ni simplifica su mercancía. Degrada y simplifica al cliente".

armonía del error". Pero ¿quiénes son los criminales en *The Wire*? Está Avon Barksdale, el jefe narco típico que ya casi no pisa las calles, pero que dirige las guerras entre pandillas. Está el alcalde corrupto, Clarence Royce, que hace desaparecer 54 millones de dólares destinados a educación y que financia su campaña de reelección con dinero sucio. Está Wee-Bey, el sicario que ejecuta las penas de muerte dictadas por Avon. Está Bubbles, el adicto que ejecuta —siempre de forma torpe e improvisada— robos menores que le aseguren la dosis diaria. Está Ervin Burrell, jefe de policía, que obstruye investigaciones, promociona a los corruptos, tapa los delitos de los políticos que sostienen su pequeño poder. Lo que todos comparten es que, más temprano que tarde, se hace evidente que son solo una función. Todos pueden ser reemplazados, y quienes los releven en sus pequeños tronos podrán imprimir un mínimo de *personalidad* a su lugar en el esquema, pero en general será más actuado por la complicada estructura que actor del libre albedrío. El mal no tiene agencia en *The Wire*. Es la misma estructura la que lleva en sí, de forma congénita, todos los males.

VII

Cuando propongo inscribir *The Wire* en esa corriente conocida como *neo noir*, pienso en ficciones que —como las películas de gángsters o las letras de hip-hop— muestran el mundo *tal cual es*, sin ninguna ilusión sentimental. Algo que podríamos encontrar en la obra de Frank Miller y, sobre todo, en la literatura de James Ellroy (quien se define como un Gran Tory: "Soy una thatcherita y un reaganita"). Mike Davis escribió sobre Ellroy en 1992: "No hay ninguna luz que proyecte sombras; el mal se convierte en una banalidad forense. El resultado se siente como la textura moral típica de la era Reagan: una sobresaturación de vileza".

La *textura moral* de muchos capítulos de *The Wire* parece localizada en latitudes similares. Su hiperrealimo (tal vez efecto de que sus autores sean David Simon, un experiodista de *The Baltimore Sun*, y Ed Burns, un expolicía), al mejor estilo *Dublineses,* la obliga a no ofrecer ninguna puerta de salida al estado de ánimo asfixiante de nuestra época. Es como si el *noir*, mientras más ambicioso se vuelve en su intención de narrar la estructura social, más rápido llega a la conclusión neoliberal: *no hay alternativa.*

Volviendo a las preguntas iniciales: ¿qué hace que una serie de estas características, que nos muestra la brutalidad del mundo y nos dice que no hay escapatoria, sea considerada entre las mejores ficciones televisivas de la historia? ¿Qué clase de alianza generan nuestros estados de ánimo con el retrato *sin sentimentalismos* de una época atroz? Creo que su encanto está en la fantasía de ver, por una vez, la realidad *tal cual es.* Mientras veamos *The Wire*, nadie va a ponernos una mano en el hombro para darnos ánimo o decirnos que el mundo puede ser un lugar agradable. Lo que agradecemos a ficciones como esta es, sobre todo, su honestidad.

El problema, creo, es que este *efecto de honestidad* depende de que no haya negatividad, de que nada ni nadie se oponga —y venza— a las lógicas del horror social. Cualquier sombra de duda sobre la victoria del capital debe ser rechazada. En este sentido, las ficciones reunidas en el *neo noir* no tienen más remedio que volverse conservadoras. Y *The Wire* podría seguir por ese mismo camino si no escondiera, entre sus múltiples tramas, una pequeña luz que permite los claroscuros, y esa luz se llama Omar Little. Tal vez el único personaje que responde a la descripción de Goodis sobre el criminal como un artista frustrado. Omar es el breve rapto de la agencia, el único personaje que parece no ser hablado —totalmente— por la maquinaria social. Es un ladrón y es, también, a su modo, un héroe popular y alguien con cierta noción de justicia y de ética. Omar Little es algo más que una función. Y ese *excedente* es una anomalía. Es la breve esperanza de la agencia ante el pesimismo sin fisuras de la estructura. Y es, también, la vía por la cual la ficción policial recupera la imaginación como mediación, donde la serie no cede a la demanda de realismo y logra desplazar sus ansiedades hacia el territorio, siempre onírico, de la representación.

Podemos recordarlo por usted

HAY FRENTE A MÍ, ahora, un escritorio lleno de papeles. Todos pertenecen a la historia de mis padres, Mirta y Rubén. Se trata de los restos burocráticos y administrativos de sus vidas. No son, en rigor, historias, aunque tienen la capacidad de *narrar*, de un modo muy distinto, el relato familiar. Algo así como un contorno, un afuera, de la narración oral en la que me eduqué. Estos papeles usan la lengua del expediente judicial, del parte médico, del aviso clasificado, pero también de las cartas de amor y desamor en las que oscilaron, del testamento, de la confesión.

Supongo que en cualquier casa hay un cajón donde se van acumulando papeles y donde uno puede ver, si logra extrañar su mirada lo suficiente, un relato. En el fondo, creo que intento utilizar estos materiales como una memoria exterior a mí, una prótesis de mis recuerdos. Partiendo de la tesis de que siempre, de una u otra manera, nuestra memoria es parcial, insuficiente, equívoca.

Podríamos hacer un recorrido por textos literarios que trabajan este problema. Desde Marcel Proust hasta Marguerite Duras, de la memoria involuntaria al recuerdo impreciso, todas ellas funcionan como advertencias de la fragilidad que supone el acto de recordar. Y es eso, la fragilidad, lo que convierte la propia vida en algo así como un misterio. Un crimen extraño que intentamos comprender.

1975

El primero en aparecer en los documentos es Rubén, mi padre. Un juzgado de primera instancia certifica que, en una causa iniciada en enero de ese año por el delito de hurto, él queda definitivamente sobreseído. ¿Qué cosa es la experiencia?, me pregunto en esta noche, con el escritorio cubierto de papeles, mientras pienso en el hombre de 26 años —catorce menos de los que yo tengo ahora— que sería mi padre en 1975. El documento está firmado por el secretario del juzgado y es para ser presentado "ante las autoridades de la Policía Federal". Entiendo que Rubén ya había iniciado su carrera de negocios confusos. Lo recuerdo vendiendo alfajores Guaymallén en la estación de Ramos Mejía. Lo recuerdo vendiendo fuegos artificiales un diciembre en la estación de Laferrere. Lo recuerdo vendiendo banderas y gorros en la entrada de la cancha de Vélez. Eso era él: un sobreviviente.

1978

Mi madre aparece tres años después. Firma un boleto de compra-venta por un departamento en Villa Tesei: "Dos ambientes, con todo implantado y adquirido, denominado según título, como unidad funcional número 40 del piso 4°". Lo compra por un total de 5.300.000 pesos. ¿Qué significa ese dinero para la vida de mi madre, hija de una sirvienta, ella misma cajera de un banco? Veo, ahora, el temor reverencial de mi madre frente al dinero. Algo entre lo sagrado y lo terrible. ¿Es posible reconocer algo mío en esa pasión obsesiva con que Mirta contaba el dinero ajeno —billete a billete— en una sucursal céntrica del Banco de Boston cuando yo era un niño? Mi madre afirma que es argentina, soltera y tiene 23 años.

1980

Rubén y Mirta se casan el 11 de abril. Se los ve sonrientes, despreocupados, en el álbum de fotos que está frente a mí ahora. Esa pareja no sabe que todavía quedan dos años de dictadura. Y tal vez no le importa. Bailan, esa noche. Tal vez él se emborracha. ¿Qué cosa es el amor y qué cosa es el miedo? ¿Dónde están, esa noche, las pesadillas que vendrán en Mirta después? Un día antes de la fiesta, Juan Carlos Risk firmó el certificado de matrimonio. Rubén tiene 30 años y en su profesión anota "comerciante". Mirta tiene 25 y es "empleada". En el ángulo superior, se indica el precio del trámite: 1.860 pesos.

1983

Me inscriben en la libreta de matrimonio el 17 de febrero. Primer y único hijo (aunque esto último no lo saben todavía). Juan Sebastián. ¿Por qué, cuando los años pasen y nos dispersemos, mi madre me seguirá llamando Juan y mi padre optará por decirme Sebastián? El acta afirma que nací el 9 de febrero a las 15:45 en la Clínica Modelo de Morón. Faltan diecinueve años para que Mirta muera en ese mismo lugar (esto, claro, tampoco lo sabe nadie).

¿Llora mucho ese niño por las noches? Lo cierto es que la señora Laura Gabri firma el acta.

1984

Este año, Mirta está haciendo una capacitación para un ascenso. Entre los papeles, uno dice: "Diez reglas de atención al público" y se presenta como material confidencial del Banco de Boston. Tiene fecha del 17 de abril. La primera regla impone: "Salude sinceramente al Cliente con una sonrisa y un comentario adecuado. Si Ud. se encuentra sentado detrás de un escritorio, póngase de pie y preséntese".

En septiembre ella firma una autorización "expresa y hasta la mayoría de edad" ante la escribana Graciela Zitta para que Rubén pueda viajar con su hijo por todo el territorio de la República Argentina y el exterior del país, "ya sea por vía aérea, marítima y/o terrestre, realizando escala en cualquier ciudad del mundo". El permiso no es recíproco.

1985

Un sobre que dice: "Mir-Juanito, Feliz Año". Son siete cartas fechadas desde Asunción, en Paraguay. En algunas de ellas, el nombre de Asunción está tachado y con otra letra y otro color de tinta dice: "Neuquén, Argentina" (¿a quién intenta mi madre, Mirta, enviar al sur cuando mi padre, Rubén, está en el norte?).

Lo que dice mi padre: "Mi amor, me pedís que te cuente qué hago. Te diré cómo son mis días. Durante el día estoy siempre haciendo algo para ayudar a Roberto

(¿quién es Roberto?, me pregunto ahora). Veo en tv los programas que son en su mayoría películas. A la noche, cuando vengo a dormir al rancho, me quedo viendo tv acá, que es color y al matrimonio que me alquila le gusta el canal de Formosa que es repetidora de atc".

En una carta posterior: "Mir, de Juanito mucho no quiero escribir porque me hace mal. Pero pienso, y lo digo con el corazón, que todo lo que le pasa es culpa mía [¿qué es lo que me pasa en ese año? ¿Por qué no tengo ningún relato de esos hechos cuando yo tenía 2 años?]. Él debe sentir que lo abandoné. Sé lo difícil que debe ser que él entienda que no es así. Te juro que no sé si no era mejor haberme quedado con ustedes [¿por qué se fue? ¿Quién lo persigue en Argentina?] y buscarle otra solución a toda esta mierda de problema". En mi escritorio, esta noche, solo están las cartas de Rubén. Hojas celestes, sin renglones, en un papel muy finito, que cargan con su letra imprenta y recta. No sé, nunca supe, qué le respondía Mirta. Leído así es un monólogo un poco alucinado por la soledad y la distancia. El primer plan, entiendo mientras leo, era vender la casa y todo lo que tenían para que Mirta pudiera renunciar a su trabajo y viajar con su hijo a Paraguay. Pero en abril Rubén decide volver. En Asunción, dice, la vida es un pequeño infierno. Allá trabaja como asistente de un artista plástico (¿será Roberto?) que "vende un cuadro y gana el sueldo de un mes". Para él es diferente: "Me dan migajas".

Una de las últimas cartas termina diciendo: "Feliz aniversario, parece que fue ayer, como si el tiempo no hubiera pasado. Es tan lindo sentirlo así. Con todo mi amor, Rubén".

1986

Mirta recibe en junio una carta de Aldo (tampoco sé quién es Aldo; ahora, en esta noche fría, mientras leo, mis padres me resultan extraños) que dice: "Una vez un sacerdote me enseñó que Dios es el amor que nos amó primero, por amor nos crea, nos recibe y nos hace sus hijos para que podamos participar de su misma felicidad". Presiento que mi madre abandonó toda idea de felicidad hace ya años, pero su escritura no aparece, y este es el único documento de esta relación. La carta es impersonal, habla de Dios y de su hijo Jesucristo. En el final, Aldo dibujó una cruz.

Ese mismo año, Mirta, mi madre, escribe una poesía: "Todo lo destruyes pequeño dios hombre". Algo se cierne sobre ella. Algo que se expande como una mancha de tinta en una tela.

1988

Mi madre escribe una carta a Juan Sebastián, su único hijo, que tiene 5 años y todavía no sabe leer: "Si algo llegara a pasarme en este tiempo [pero ¿qué cosa, Mirta, podía pasarte en ese tiempo?] yo quiero decirte algunas cosas". Mi memoria, una fuerza involuntaria, algo como un oleaje o una marea, me lleva a una escena donde estoy sentado en una silla de mimbre y veo la marcha feroz de mi madre por la casa. Está buscando algo, frenética, pero no sé qué es. No encuentra. Se angustia. ¿Será entonces cuando escribe estas líneas? La carta está llena de ambigüedades y recomendaciones amorosas. Termina hablando de su propia madre y me advierte: "No te dejes enfermar".

1990

Mirta, mi madre, responde a un aviso clasificado del diario *Clarín* publicado por "Servicios Empresarios" con un CV escrito a mano (¿puede alguien más que yo reconocer el temblor en su pulso?). Su letra cursiva es hermosa: "Ingresé al Banco de Boston como cajera auxiliar. En el año 1985 pasé al sector 'Banca Individual'. En los últimos meses participé de un proyecto de la oficina de Marketing en telefonía y computación de avanzada". La remuneración pretendida es de 3 millones de australes. Hasta dónde sé, no consiguió el trabajo.

1993

No hay ningún papel que certifique la enfermedad mental de Mirta. Es extraño, entre tantos papeles inútiles: impuestos pagos, recibos de sueldo, todo eso. En marzo escribe una nota con letra atormentada: "Llevo más de 60 días de tortura y llego a la conclusión de que nada existe, todo está inventado para mí. ESTOY SOLA, ESTOY ATRAPADA. ¿De dónde vengo? ¿Por qué no recuerdo nada? ¿Acaso soy un invento a quien tienen que destruir?". Las preguntas llenan dos carillas y media. Su ingreso a la clínica psiquiátrica, como dije, no está documentado. Es la primera vez que estos documentos se conectan con mi memoria de forma cierta. Tengo 10 años y viajo en la costera hacia Banfield para verla. A veces me acompaña Rubén. A veces voy solo. Ella me recibe en camisón. Las visitas son cortas. O así las pienso ahora. Llora, me abraza, nos despedimos.

Sin fecha. El texto empieza así: "Esta terrible historia empezó para diciembre de 1993". Me hace pensar que

Mirta debió escribir esto dos o tres años después, aunque no puedo estar seguro. Ahí dice: "Me di cuenta que mi teléfono estaba pinchado y que escucharon siempre todas mis conversaciones. A partir de todas estas cosas yo me paralicé de miedo, de pánico. Sentí que la amenaza era REAL. Mi gran sorpresa vino cuando al contarlo en mi casa NADIE me creyó, todos dijeron: ¿Estás enferma? Mi marido fue el más convencido de que lo que decía era mentira".

Los recuerdos de esos días son borrosos. Recuerdo una tarde, tal vez durante su primera crisis importante, donde mi madre dice que soy un robot que reemplazó a su verdadero hijo. Yo tenía entonces 11 años. Escucharla es, por supuesto, dudar de mí mismo más que de ella. Eso que la atormenta, la enfermedad, construyó un delirio donde sus seres queridos somos impostores, simulacros, impuestos por un poder que nos administra para controlarla.

Sin fecha. Querido Rubén. La última carta debió ser escrita en 1994, el año en que se separaron después de catorce años de matrimonio. Habían comprado una casa pocos meses antes. Era hermosa. Tenía un patio grande, con pasto, y un ciruelo donde yo trepaba para escuchar las discusiones y los gritos y el llanto. La carta termina diciendo: "Gracias por todo. También por ese hijo hermoso y fuerte que me diste. El amor no vuelve. Chau".

2002

Entre los papeles que están en mi escritorio no hay ninguno que diga algo sobre los años de enfermedad y vacío.

Mirta entra, una y otra vez, a la clínica psiquiátrica, yo evito contarlo en la escuela. Digo: mamá está de viaje.

En 2002, ya tengo 19. El año anterior terminé la secundaria en un colegio nocturno. Rubén, mi padre, lleva ocho años de convivencia con una mujer que se hace llamar Lali. En 1996, tuvo un hijo al que llamó Ignacio.

El 8 de mayo, Mirta ingresa a la Clínica Modelo de Morón, la misma en que había dado a luz a Juan Sebastián. "Paciente de 46 años con antecedentes de síndrome depresivo, internada previamente por intoxicación con psicofármacos que motivó su internación en la Unidad de Terapia Intensiva". El doctor es Eduardo Filipuzzi y le da el alta el 18 de mayo.

La partida de defunción está guardada en un sobre de la Cochería Fernández de Villa Tesei. Se presenta ante el Registro de las Personas un tal Cristian Vilte (¿un médico?, ¿el dueño de la cochería?) y declara que Mirta murió el 29 de mayo a las 11:30 de la mañana. Recuerdo el sol, la mano fría de un médico que aprieto con convicción y después un teléfono desde el que le aviso a Rubén: mamá murió. El motivo está indicado como "Paro cardio-respiratorio no traumático". La burocracia no sabe nada sobre el lenguaje, porque ¿qué cosa es un trauma? ¿Qué cosa es el dolor? La firma pertenece al doctor Néstor Ponce. Dice de Mirta que vivía en Hurlingham y que había nacido en 1955. Tenía 46 años.

Hay una polémica que enfrenta a Jorge Semprún con Primo Levi. Se trata de la posibilidad de utilizar los procedimientos literarios para construir el testimonio de un sobreviviente. Primo Levi no acepta ningún artificio, mientras que Semprún piensa que hay una verdad a la que solo podemos acceder a través de la literatura, es decir, a través de la forma artificial en que la literatura reconstruye la experiencia. Siempre creí que la salida a ese dilema la había encontrado Kurt Vonnegut con *Matadero 5*. Porque él, que vivió el horror del bombardeo a Dresde, eligió contar esa experiencia pero poblándola de extraterrestres, ovnis y abducciones. Vonnegut parece decir que solo si desplazamos el horror hasta desfigurarlo podremos restituir algo parecido a un sentido.

Hablé, al principio, de ficciones que trabajan sobre el problema de la memoria. Mencioné a Proust y a Duras. Lo cierto es que hoy, en esta noche, con mi escritorio dominado por los fantasmas familiares, siento que los recuerdos implantados de Philip K. Dick predican mejor sobre lo que viví y recuerdo, sobre lo que viví y olvidé. No hay memoria falsa, porque, como él mismo escribió, "todo es verdad. Todo lo que las personas han pensado alguna vez".

Exiliados de la lengua

ME PREGUNTO CÓMO AFECTA a la escritura la forma que tenemos de habitar una lengua. Me lo pregunto en relación con tres escritores polacos: Joseph Conrad, Stanisław Lem y Witold Gombrowicz. Estrellas distantes que, sin embargo, forman parte de una misma constelación y que enfrentaron situaciones lingüísticas extrañas: el paso del polaco al inglés en Conrad, el contexto de censura en Lem y el exilio involuntario en Gombrowicz.

La figura de Kafka oscila sobre ellos. Él, un judío checo que escribió su obra en alemán. La criatura más extravagante, más expulsada, más desterrada de la literatura en el siglo XX. Cuando Deleuze y Guattari leyeron a Kafka, escribieron: "Incluso aquel que ha tenido la desgracia de nacer en un país de literatura mayor debe escribir en su lengua como un judío checo escribe en alemán o como un uzbeko escribe en ruso. Escribir como un perro que escarba su hoyo, una rata que hace su madriguera. Para eso: encontrar su propio punto de subdesarrollo, su propia jerga, su propio tercer mundo, su propio desierto". La pregunta es, entonces, desde qué clase de desiertos escribieron Conrad, Lem y Gombrowicz. O, lo que es lo mismo, de qué manera ese hoyo, que podemos llamar la lengua polaca, afectó y se vio afectado por sus escrituras.

CONRAD EN EL ESPACIO EXTERIOR

Entre 1772 y 1795, Polonia fue desmembrada por las sucesivas anexiones de Austria, Prusia y Rusia. Hacia el siglo XIX, gran parte de la nobleza polaca estaba exiliada. Pero algunos se habían quedado a resistir. Ese era el caso del padre de Conrad, Apollo Korzeniowski, que desde Varsovia fue parte de la resistencia nacionalista y líder de un grupo conocido como "los rojos". Apollo editaba una revista, era traductor de Dickens, Shakespeare, Victor Hugo, autor de obras teatrales y agitador de la resistencia polaca a los rusos. Su actividad política lo llevó a participar de la insurrección de octubre de 1861, lo que le costó la cárcel durante siete meses. Después, la familia sería deportada a la ciudad de Vologda, a 500 kilómetros de Moscú, un lugar duro, frío, pantanoso.

Se dice que, en las penurias del viaje, el pequeño Conrad de 4 años contrajo neumonía. Y su madre, Ewa, tuberculosis. Ella moriría tres años después a causa de la enfermedad. Mientras tanto, en el exilio, seguirían los traslados familiares a distintas ciudades de Rusia y Ucrania. Hasta que, en 1869, cuando Conrad tenía apenas 11 años, también vería morir a su padre, Apollo, y desde entonces, huérfano y nómade, se refugiaría en la lectura.

La lengua materna de Conrad es, claro, el polaco. Y su segunda lengua, el francés. Pequeño lector de Fenimore Cooper, ansiaba las aventuras y el mar. Sabía, también, desde niño, que había una escisión, un temblor, podríamos decir, entre experiencia y lenguaje. El crítico palestino Edward Said escribió sobre él: "Fue engañado por el lenguaje, aun cuando confiriera a este una capacidad de dramatización a la que ningún otro autor se había siquiera aproximado. Pues lo que Conrad descubrió fue que el abismo existente entre lo que las palabras decían y lo que significaban aumentaba, no disminuía, con el talento para escribir palabras".

En la densa noche de su infancia, podemos pensar, Conrad descubrió, al mismo tiempo, la salvación por/en el lenguaje y también su opacidad. A los 17 años, escapó a Marsella y se convirtió en marino e hizo su primer viaje rumbo a Martinica. Más tarde, sería aprendiz en un vapor de bandera inglesa; ahí empezó su carrera en la marina mercante británica y entró en contacto con el inglés. Esa, su tercera lengua, la que usaría para escribir *El corazón de las tinieblas* o *Nostromo,* la aprendió en los muchos viajes que hizo a lo largo de su vida y que lo convirtieron en capitán a los 29 años.

Ford Madox Ford dice haber escuchado de Conrad: "Escribo con mucha dificultad; mis pensamientos íntimos, automáticos, menos elaborados, se producen en polaco; cuando me expreso con cuidado lo hago en francés. Cuando escribo pienso en francés y después traduzco las palabras de mis pensamientos al inglés".

La lengua era, para Conrad, una máquina de ensambles. Pensamientos mutilados en polaco, francés, inglés; la realidad quebrada: ¿qué palabra de qué idioma venía a su cabeza al ver un cuchillo? ¿Qué palabra al ver un teatro? ¿Y a una mujer? Eligió escribir en inglés, a dos grados de distancia de su lengua materna, en un movimiento que hace pensar, por supuesto, en Beckett, en Nabokov, en eso que Steiner llamó la "imaginación multilingüe".

Si es cierto que los románticos pensaban que el genio es quien mejor encarna su lengua materna, ya que cada lengua significa una cosmovisión específica de una nación o un pueblo, la posición de Conrad es externa, "extraterritorial", siguiendo a Steiner. Él escribe desde el espacio exterior del polaco, pero atado a su lengua como un astronauta está enlazado a la Tierra a donde debe regresar. Escribe arrastrándose. Muchos de quienes lo conocieron dicen que su inglés hablado era torpe, con acento, que a veces resultaba ininteligible al escucharlo. Los críticos también repararon en las interferencias sintéticas del polaco en el inglés escrito por Conrad. Su estilo es un xenoestilo, un estilo alienígena, una forma de estar, al mismo tiempo, dentro y fuera del lenguaje.

LEM EN EL ESPACIO INTERIOR

La vida de Stanisław Lem no fue más sencilla. Hijo del médico militar austrohúngaro Samuel Lem y de Sanina Woller, que provenía de una familia muy pobre de Przemyśl, en el sureste polaco. Su ciudad natal, Leópolis, fue fundada en el siglo XIII y sufrió los avatares de la historia. Sobre todo, las continuas invasiones y anexiones alemanas y rusas.

En 1939, Leópolis fue bombardeada por la *Luftwaffe* dejando 83 muertos. Lem lo describe así: "Yo estaba en el balcón de la calle Brajer, un muchacho que había rendido examen de madurez y veía cómo por nuestra calle pasaban furgones cargando cadáveres. Era la primera vez que veía cadáveres. Recuerdo los cuerpos que temblaban por las sacudidas del furgón, recuerdo los muslos de las mujeres muertas por las bombas alemanas". Tenía entonces 18 años.

Tres semanas después, las tropas soviéticas arrancaron a Leópolis de manos alemanas y sometieron a la población. Tanto los militares como los civiles rusos expropiaban u ocupaban edificios y viviendas. A la casa de los Lem se fue a vivir un funcionario del Comisariado para Asuntos Internos, departamento gubernamental de la URSS, llamado Smirnov. Tal vez su presencia fue la primera interferencia en el lenguaje cotidiano de la familia y de la casa. Se suponía que estos funcionarios eran, sobre todo, espías que intentaban desarmar cualquier intento de resistencia a la ocupación soviética.

Pero la ciudad estaba a solo 23 kilómetros de la frontera establecida por el pacto Ribbentrop-Mólotov. La primera agresión alemana a la URSS fue el 22 de junio de 1944, y esa misma madrugada las bombas ya caían sobre Leópolis dejando más de trescientos muertos. La primera unidad alemana llegó apenas ocho días después. Era la tercera invasión en la vida de Lem. Lo que vendría después sería más y más horror: ejecuciones en masa y pogromos a la población judía.

La extraordinaria biografía de Wojciech Orliński sobre Lem pone todos estos hechos en relación con su obra. Sin embargo, en términos literarios, el evento que aparece como fundamental está situado un poco más adelante, a partir de 1945, cuando se funda la República Popular de Polonia y empieza la administración soviética de la vida cotidiana. Porque ahí aparece un dispositivo central para pensar su escritura de ficción: la censura.

En una carta que Lem escribe en 1961, dice: "Pero en mi profesión eso lo convierte a uno en un idiota, porque en definitiva ya no se sabe qué escribir, cuando los censores completamente paranoizados olfatean en cada palabra alusiones peligrosas". En estas condiciones, varios de sus libros fueron inquietantes para la censura: *Memorias encontradas en una bañera* fue retenido y en *Solaris* le pidieron que cambiara los nombres de los científicos para que "sonaran más rusos". Pero sus mayores problemas, como indica Orliński, fueron con sus ensayos futurológicos, porque ahí "no había demasiado lugar para el luminoso futuro del comunismo". Solo la llegada de Yuri Gagarin al espacio exterior en 1961 permitió que la lectura de la ciencia ficción —y por lo tanto de los libros de Lem— fuera más amable.

En el reverso, está lo que el dispositivo de la censura dictaba a cada escritor en su propio proceso creativo. Durante la escritura de *El invencible,* Lem mandó una carta a su amigo Wróblewski donde confesaba: "Escribo esta pavada por desesperación y obligación, no para divertirme, porque de esto tengo bastante, no puedo mover los temas que estuve bosquejando porque no puedo permitirme otro libro retenido". El efecto de la censura sobre el lenguaje puede verse en la misma correspondencia con Wróblewski cuando llega a utilizar cuatro lenguas distintas en una misma oración (inglés, polaco, alemán y ruso) con la esperanza de confundir a los lectores de la Policía Política.

¿Cuál es el efecto de hiperobservación sobre el lenguaje en la que vivió Lem? Parte de esa respuesta puede estar en una hipótesis de Agnieszka Gajewska, autora de otra biografía de Lem, cuando afirma que si hay un tema que recorre toda su obra "es que el protagonista oculta un secreto, cuya revelación le acarrearía la exclusión de la sociedad, o incluso la muerte".

La escritura como encriptación; la lectura como decodificado. Una estructura paranoica que se despliega sobre las palabras y las historias. Tal vez esta capacidad de metamorfosis (escribir en cuatro lenguas en simultáneo, pero también en distintos estilos e incluso desde diferente ámbitos) fue lo que llevó a Philip K. Dick (su lector perfecto) a escribir al FBI para denunciar que Lem era un funcionario del Partido Comunista: "lo sé por sus escritos publicados y cartas personales a mí y a otras personas", y construir la hipótesis de que tal vez Lem fuera no un individuo, sino un comité, un grupo de escritores que funcionaban bajo una sigla, ya que "escribe en varios estilos y lee en idiomas extranjeros".

Como siempre, Dick llevaba al extremo delirante la percepción de un núcleo cierto: las condiciones materiales de escritura habían hecho de la escritura de Lem un dispositivo múltiple, encriptado y huidizo. Usar la lengua para ocultar, para decir sin nombrar, para estructurar un secreto.

GOMBROWICZ EN EL ESPACIO EXTERIOR

La vida de Witold Gombrowicz estaba destinada a ser más liviana. Nació en 1904 en el señorío de Maolszyce, propiedad de su padre, a 200 kilómetros de Varsovia. Estudió Derecho en la universidad de la capital polaca y en 1933 editó su primer libro: *Memorias del período de la inmadurez*. En 1937 publicó la que aún hoy se considera la mejor entre sus ficciones: *Ferdydurke*.

En el prefacio, Gombrowicz escribió: "Los dos problemas capitales de *Ferdydurke* son el de la Inmadurez y el de la Forma. Es un hecho que los hombres están obligados a ocultar su inmadurez, pues a la exteriorización solo se presta lo que ya está maduro en nosotros. *Ferdydurke* plantea esta pregunta: ¿no ven que su madurez exterior es una ficción y que todo lo que pueden expresar no corresponde a su realidad íntima? Mientras fingen ser maduros viven, en realidad, en un mundo bien distinto. Si no logran juntar de algún modo más estrecho esos dos mundos, la cultura será siempre para ustedes un instrumento de engaño".

El territorio de Gombrowicz es la vanguardia de entreguerras. La risa como forma de desdibujar la madurez exterior y la interioridad inmadura, pero también el modo en que una cultura periférica puede apropiarse del capital cultural de los países centrales. Es el mismo problema que enfrentaba Borges, por poner un ejemplo, al escribir "El escritor argentino y la tradición". O el que preocupaba a Joyce cuando el renacimiento literario irlandés proponía volver al gaélico y a la mitología celta. Los tres autores, podríamos decir, escapaban del nacionalismo y reivindicaban los usos espurios que podían hacerse desde posiciones periféricas (Polonia, Irlanda, Argentina) de las grandes tradiciones europeas.

Pero entonces, cuando Gombrowicz estaba desplegando la idea de que el absurdo es un hecho político, recibió una invitación a visitar Argentina. Era 1939 y el viaje se haría en un barco transatlántico junto a una delegación de escritores polacos. Días después, Alemania invadió Polonia, y toda Europa entró en guerra. Él decidió quedarse en Argentina hasta entender lo que pasaba al otro lado del Atlántico. Y así estuvo veinticuatro años sin volver a Europa. Vivió veinticuatro años fuera de su lengua, sin hablar español, sumergido en un mar lingüístico que era un completo afuera. En sus diarios lo cuenta así: "Yo fui a Argentina por pura casualidad, solo por dos semanas, y si por un azar del destino la guerra no hubiese estallado durante esas dos semanas, habría regresado a Polonia, aunque no voy a ocultar que cuando la suerte fue echada y Argentina se cerró de golpe sobre mí, fue como si por fin me oyera a mí mismo".

Y en esta terrible soledad, deprimido, se refugió en la sala de ajedrez del Café Rex donde en 1946 conoció a otro exiliado, el cubano Virgilio Piñera. Se hicieron amigos y, un poco después, Gombrowicz le pidió a Piñera que tradujera *Ferdydurke* al español. Piñera era un gran traductor, es cierto, pero del francés. Sin embargo, su desconocimiento del polaco no lo desalentó, y reunió un grupo de amigos para emprender la traducción. Más de quince personas —ninguna de ellas familiarizadas con el polaco—, que bajo la dirección del propio Gombrowicz, que apenas hablaba el español, se reunían noche tras noche a trasladar una novela de la opacidad de una lengua a la opacidad de la otra. Ricardo Piglia dice de esa traducción: "El *Ferdydurke* 'argentino' de Gombrowicz es uno de los textos más singulares de nuestra literatura. Antes que nada hay que decir que es una mala traducción en el sentido en que Borges hablaba así de la lengua de Cervantes. En la versión argentina de *Ferdydurke* el español está forzado casi hasta la ruptura, crispado y artificial, parece una lengua futura".

Si Lem había escrito ficciones sobre el espacio exterior, Gombrowicz estaba viviendo en el exterior más extremo de la lengua. Pero en vez de sufrir esa condición la asumió como una forma de probar sus propias hipótesis. En la conferencia "Contra la poesía", dijo: "A veces me gustaría mandar a todos los escritores del mundo al extranjero, fuera de su propio idioma y fuera de todo ornamento y filigranas verbales, para comprobar qué quedará de ellos entonces". Esa experiencia, la suya, le permitió comprobar su propia tesis sobre las periferias y el centro, sobre la inmadurez interior y la apariencia madura. Su poética, ya presente en los dos libros que había publicado en Polonia, no hizo más que profundizarse: primero, con el exilio involuntario de veinticuatro años; después, con una de las escenas de traducción más extremas de las que se tenga memoria.

En un prólogo extraordinario de Susan Sontag a *Ferdydurke,* lo dice de esta manera: "El sentido polaco de ser marginal a la cultura europea —y a la europea occidental ya que varias generaciones fueron afectadas por la ocupación extranjera— había preparado a un escritor desgraciado y emigrante mejor de lo que hubiera deseado antes que ser condenado a muchos años de aislamiento casi total como escritor. Valientemente, Gombrowicz se embarcó en la empresa de sacarle un sentido profundo y liberador a su situación de desprotegido en Argentina. El exilio probó su vocación y la expandió. Reforzar su desafección a las pasiones nacionalistas y a la autocomplacencia lo convirtió en un consumado ciudadano de la literatura mundial".

EL DESIERTO

Estar afuera de la lengua fue la experiencia que compartieron, de distinto modo, Conrad y Gombrowicz. El primero pasó del polaco al inglés en su literatura, aunque hablaba y pensaba entre el francés, el inglés y su lengua materna. El segundo, en cambio, conservó el polaco, pero vivió un exilio de veinticuatro años en el español que usamos en el Río de la Plata. Ninguna de las dos experiencias resulta ni más ni menos hostil que vivir en el interior censurado del idioma que sufrió Lem donde manipulaba cuatro idiomas para escribir cartas a sus amigos.

Los viajes a través del mar en Conrad, las naves espaciales y los planetas misteriosos de Lem, los adultos absurdos de Gombrowicz; podríamos pensar que sus literaturas no se tocan más que en el punto de partida: la lengua polaca. Pero una literatura es más que un imaginario o una serie de *temas*. Tal vez es posible pensar que quien escribe siempre mira y usa su propia lengua como si fuera un objeto extraño, familiar y a la vez siniestro. El escritor se reconoce como un inquilino del lenguaje, y la posición interior/exterior se vuelve, de algún modo, simultánea. Pienso que ese es el hoyo, el punto de subdesarrollo, el desierto del que hablaban Deleuze y Guattari cuando pensaban en Kafka. Y que no se puede trabajar en una lengua sin, al mismo tiempo, afectarla hasta hacerla temblar y que nos conmueva hasta el temblor. Y creo que, al fin de cuentas, esa posición enrarecida frente a las palabras —que estos tres polacos llevaron, por caminos distintos, a un punto extremo— es a lo que llamamos literatura.

Alucinaciones capitalistas

> "Yes, I know my enemies.
> They're the teachers who taught me to fight me".
> RAGE AGAINST THE MACHINE

I. TERRORES NOCTURNOS

MIENTRAS ESCRIBÍA *MATERIALES PARA una pesadilla*, tuve una etapa en la que fijé mi obsesión sobre el imaginario de la máquina. Creí entender, en ese recorrido voraz y compulsivo, que, en términos de Barthes, ahí se codificaba una de las grandes mitologías de nuestro tiempo.

Coexistimos con algoritmos, inteligencias artificiales, dispositivos y artefactos que nos acompañan en nuestra vida cotidiana hasta extremos inquietantes. La condición humana parece no poder despojarse, en este punto crítico de su historia, del entramado técnico que la rodea. Toda esa materia inerme, muerta, que son las máquinas se nos aparece revestida de alucinación gótica cuando percibimos su pulso vital. ¿Está lo suficientemente muerta esa máquina?

Nuestras personalidades y modos de vida están estructurados por esa *compañía tecnológica* de la que apenas sabemos cómo funciona y cuáles son los límites de sus posibilidades. Inscribimos nuestras vidas en inmensas redes de información cada día. Nuestros estudios médicos, transacciones bancarias, conversaciones cotidianas, interacciones sociales y consumos culturales; todo parece susceptible de transformarse en datos y capaz de ser almacenado en servidores deslocalizados en la geografía monstruosa que propone Internet. Si el inconsciente colectivo puede situarse en algún lado, creo que es en ese océano digital del que solo conocemos su sombra. Devorados por la fantasía de perder el control, los fantasmas de nuestras pulsiones insomnes se sienten amenazados por el despertar de la máquina.

II. LOS TRES MITOS

Un diagrama del temor ante la máquina nos podría indicar tres mitos básicos. Por un lado, lo humano que deviene máquina y donde se funda la imagen del cyborg. En segundo lugar, la máquina que deviene humana (o llega a confundirse a un punto indistinguible), y en ese campo imaginario habitan autómatas, robots, androides, etc. Por último, la máquina que se autonomiza de la función para la que fue diseñada. En este tercer mito, propone una entidad, algo que sin ser ni parecer humano podemos reconocer como criatura y que inicia su existencia bajo control humano hasta que, poco a poco, se dirige hacia una posición de ilegibilidad y, a veces, de oposición. Tal vez el *Frankenstein* de Mary Shelley sea la primera ficción de este orden, y HAL 9000, en *2001 Odisea en el espacio*, o Skynet, en *Terminator*, ejemplos paradigmáticos de la evolución de esta espiral de autonomía.

III. EL CYBORG

Para pensar en el territorio del primer mito —el humano que va hacia la máquina—, deberíamos situarnos en la zona de indagaciones sobre nuestras corporalidades. El cyborg aparece como un evento imaginario asociado al planteo de Spinoza: *nadie sabe lo que puede un cuerpo*[8]. Hoy, menos que nunca, sabemos qué potencias habitan en la red compleja que llamamos *cuerpo*.

Pero si el imaginario visual del cine y el cómic nos acostumbraron a pensar esta figura siguiendo la línea de materiales como metal o plástico, es decir, elementos inorgánicos, en el inicio del siglo XXI aprendimos a pensar que cyborg es el nombre que recibe una red compleja de elementos naturales y artificiales. Ahora somos capaces de ver en un clon una variación de la máquina, pensar la intervención genética como reconfiguración de nuestras bases biológicas, y también comprendemos que vacunas, hormonas sintéticas y medicamentos no son otra cosa que prótesis. Lo cyborg, en tanto reorganización artificial del cuerpo, no es el nombre que recibe un futuro distante, sino una condición actual de lo humano. De esto hablaba Donna Haraway en su manifiesto de 1984.

Y esa condición construye un intrincado laberinto que se podría pensar desde *Ghost in the Shell*, la película que Mamoru Oshii estrenó en 1995 y que se inscribe

---

8. El término apareció por primera vez en un artículo de Manfred E. Clynes y Nathan S. Kline en 1960, publicado con el título "Cyborgs and Space". Los autores partían de la siguiente premisa: la conquista del espacio exterior necesitaba una entidad que se adaptase a las condiciones inhóspitas de distintos ambientes. Imaginaron entonces un sistema donde lo humano se mezclara con dispositivos de tal manera que el organismo llegara a autorregularse. Llamaron a ese evento *cyborg*.

en el demencial corpus cyberpunk del animé y el manga japonés. La historia plantea su presente en el año 2029, después de la Tercera Guerra Mundial. En ese marco, el conglomerado militar de Japón desarrolla la Unidad 9, que está compuesta, casi en su totalidad, por cyborgs. La protagonista es la mayor Motoko Kusanagi, quien solo conserva partes de su cerebro y su médula humana; el resto es un cuerpo fabricado. Pero la presencia de esos *restos orgánico originales* trae la presencia del individuo que fue antes de su devenir ciborg.

La misión de Kusanagi es perseguir a un *hacker* que vulnera los cerebros electrónicos de los usuarios para realizar determinadas tareas a través de sus cuerpos. Por eso recibe el nombre de Puppet Master. En ese escenario social, hay nuevas leyes. Una de ellas es la de "privacidad cerebral", es decir, el Estado prohíbe el ingreso de extraños a los cerebros electrónicos que reciben el mismo tratamiento que cualquier otro dispositivo. Puppet Master es una inteligencia artificial autonomizada (de modo que podríamos percibir un doble movimiento: por un lado, la humanidad que se aproxima a la máquina —Kusanagi— y, por otro, la máquina que se acerca a lo humano —Puppet Master—), y su forma de *hackeo* consiste en el implante de memorias falsas. Desde un recolector de basura hasta un inmigrante ilegal, todas sus víctimas actúan de acuerdo a una vida que no vivieron y que el *hacker* inventó para ellos. Podríamos decir que el principio de realidad está vulnerado por la tecnología (como en tantas ficciones de Philip K. Dick). La reconstrucción de los recuerdos de manera artificial es un punto crítico en la condición cyborg, porque pone en crisis uno de los pilares de la identidad humana: la memoria.

Pero es en la conversación de Kusanagi con Batou, su compañero de la Unidad 9, donde aparece el verdadero conflicto: tienen un cerebro electrónico, un cuerpo intervenido y un control metabólico que no solo son artificiales, sino también propiedad del Estado. Pueden renunciar a la Unidad 9, pero el costo es que el Estado los "desarme" y se quede con sus cuerpos y con sus recuerdos[9]. "Eso no quiere decir que hayamos vendido nuestras almas a la Sección 9", le dice Batou. A lo que Kusanagi responde: "Así como son muchas las cosas que definen a un ser humano como tal, se necesita un gran número de cosas para componer un individuo".

Sin recuerdos y sin la propia imagen en el espejo, no hay individuo. Y en el futuro que imaginó Oshii, ambas dimensiones, cuerpo y memoria, están interconectadas a la tecnología a tal punto que pueden montarse, desmontarse y volverse a montar. Las *partes* del individuo no solo se fabrican, sino que, una vez convertidas en mercancías, son susceptibles de tener distintos dueños. La relación (privada) de propiedad hace estallar las contradicciones del evento cyborg. En términos de Haraway: "La cultura de la alta tecnología desafía esos dualismos de manera curiosa. No está claro quién hace y quién es hecho en la relación entre lo humano y la máquina". Las preguntas

9. El autor argentino Carlos Gardini trabajó sobre estas mismas contradicciones de la condición cyborg en su cuento "Primera línea", que escribió poco después de la guerra de Malvinas y donde la unidad MUTIL reutiliza a soldados que fueron mutilados en batalla para convertirlos en máquinas de guerra a través de implantes y mejoras técnicas en sus cuerpos. En el final, el Estado les retira estas prótesis y los obliga a firmar un documento de secreto y confidencialidad que parece un desplazamiento del memo de Inteligencia que pedía a los excombatientes de Malvinas "otro esfuerzo", y es el de no "proporcionar información" sobre la experiencia en las islas.

de Kusanagi (que condensan, en última instancia, el imaginario cyberpunk) son dos, simultáneas e irreductibles: ¿qué soy? ¿De quién soy? La pregunta por la identidad (agencia) se entrelaza con la pregunta por la propiedad (estructura), minando esa frágil construcción moderna que solemos llamar "yo".

IV. EL ROBOT Y LA CONCIENCIA DEL CAPITAL

En el territorio del segundo mito —el trayecto de la máquina hacia lo humano—, se abre un bestiario que incluye autómatas, robots y androides. Es probable que "El hombre de arena", escrito por Hoffman en 1817, sea el punto de inicio a este imaginario, y creo que esa línea del inconsciente político encuentra en la literatura de Asimov uno de sus puntos de quiebre. Los cuentos y novelas que componen la serie Robot están codificados en la axiomática de las leyes de la robótica, que aparecieron por primera vez en el cuento "Círculo vicioso", publicado en 1942[10].

Asimov construye esa serie donde refracta el terror ante la máquina. Si una de las definiciones que Freud propone para lo siniestro (y es importante recordar que su ensayo de 1919 parte de la lectura precisamente de "El hombre de arena") es la "manifestación de fuerzas que no sospechaba en el prójimo", las leyes de la robótica son el fantasma de esas fuerzas que, intuimos, hay en los objetos técnicos. La humanidad despliega así una

---

10. Ellas son: 1) Un robot no hará daño a un ser humano ni, por inacción, permitirá que un ser humano sufra daño. 2) Un robot debe cumplir las órdenes dadas por los seres humanos, a excepción de aquellas que entren en conflicto con la primera ley. 3) Un robot debe proteger su propia existencia en la medida en que esta protección no entre en conflicto con la primera o con la segunda ley.

fantasía de control donde intenta conservar su dominio sobre la tecnología.

La figura del robot, después de la intervención de Asimov, se convierte en un sujeto cartesiano, pero que no persigue su propio interés, sino un interés ajeno (¿y no es esta la posición que nos demanda el capital en tanto trabajadores?). En él no hay opacidad, actúa de acuerdo con un ordenamiento previo que le es constitutivo. La alucinación capitalista que inviste al robot es lo humano —es decir, el trabajador— sin los abismos del deseo y el inconsciente.

En la primera película de la saga *Alien*, de 1979, la tripulación lleva consigo al androide Ash, y es él quien intenta, por orden de la empresa que es dueña de la nave, llevar la criatura extraterrestre a la Tierra, incluso sacrificando vidas humanas. Ash es el ruido blanco en las leyes de la robótica. De esta forma, la primera ley se ve reformulada: *un robot no hará daño a un ser humano ni, por inacción, permitirá que un ser humano sufra daño a menos que ese daño beneficie la reproducción del capital.* Su axiomática ya no tiene como interés superior lo humano, sino los intereses de la empresa. La película de Ridley Scott nos propone una visión donde el androide que deviene antihumano no necesita explicarse por una falla en su funcionamiento o por una inteligencia que se autonomiza; solo necesita ser el cuerpo donde se instala y se ejecuta la conciencia del capital.

V. FANTASMAS DE LA FORD

Si quisiéramos conectar la línea imaginaria de este segundo mito con eventos sociales determinados, deberíamos explorar en las primeras máquinas que aparecen en los talleres artesanales y tienen su eco en las ficciones de los autómatas. Desde ahí es posible pensar que las transformaciones en los modos de organización en la fábrica (taylorismo, fordismo, toyotismo, etc.) fueron construyendo nuevos impulsos a las fantasías de la máquina en el despliegue del siglo XX. Las ficciones de Asimov son el desborde fantasioso de la fábrica fordista y también del *boom* del consumo en la posguerra, porque este implica una nueva posición ubicua de la máquina en la vida cotidiana.

En su libro *El robot y el taller,* Benjamin Coriat trabaja sobre la hipótesis de que la historia de la máquina es también la historia de la expropiación del saber del trabajador. Los secretos del oficio que se conservaban en el artesano ahora se dispersan en el sistema automático. El propio Ford imaginaba la línea de montaje como "un río donde fluyen de forma ordenada los afluentes". Ahí podríamos situar el comienzo de la producción cyborg, donde el cuerpo orgánico y el cuerpo mecánico iniciaron su confluencia.

Una visión aterradora de esa síntesis humano-máquina que es la línea de ensamble aparece en la película *Christine,* basada en la novela de Stephen King y estrenada en 1983. La primera escena sucede en Detroit, en 1957, donde varios autos en fila dentro de una fábrica reciben distintos ajustes. Son todos blancos, menos Christine, que es rojo (¿o roja?). Un trabajador detiene la cinta y abre el capot. Revisa algo en el motor, la cámara toma un ángulo que sugiere que el auto tiene una boca, y el capot cae sobre la mano del hombre como una mandíbula que se cierra. El objeto técnico que es ese automóvil deviene animal para después enfrentar la pregunta sobre su inteligencia, su voluntad, su condición de individuo y su personalidad.

Esta primera transformación, de automóvil a bestia, es una transición rápida, pero no deja dudas. El territorio es la boca, con su lengua y con sus dientes, que para Deleuze y Guattari son desterritorializados por el lenguaje en el acto de hablar (más tarde, en la película, vamos a ver que Christine también *habla* a su modo), pero antes, como buen animal, debe comer. En la primera escena, devora a los obreros que la construyeron. Devora a sus padres, si se quiere. Como si intentara borrar todo rastro de su condición de artefacto, porque lo que fue construido —hecho, fabricado— debe a su creador el don de la existencia. La primera escena es, entonces, la visión de una mutación del objeto técnico en alimaña.

El propio Marx advertía, en *El Capital,* sobre el sustrato demoníaco del sistema de máquinas que se agita en las fábricas. Pero su aporte más importante a una teoría de la máquina está en reconocerla como capital constante y ubicarla así en la composición orgánica del capital. Ahí se funda la paradoja del capital variable (trabajo humano vivo) y el capital constante (trabajo humano objetivado). Porque Marx ubica la máquina en este segundo segmento y describe la tendencia del trabajo humano vivo a ser reemplazado por el capital constante. Vale decir, la tendencia es hacia la automatización. No es difícil imaginar que ese mecanismo produce multitud de fantasías donde la máquina juega un rol no solo no-humano, sino incluso anti-humano, como vimos en Ash de *Alien* o en la primera escena de *Christine.* La máquina se presenta como una amenaza para el (trabajo) humano, y eso es lo que genera el espíritu luddita que nació en el siglo XIX y todavía se agita en ciertos imaginarios primitivistas.

Podríamos volver a Christine y pensarla como la máquina que deviene asesino. El trabajo humano objetivado que la hace posible, esa "gelatina" de la que habla Marx en *El capital,* cobra conciencia y se vuelve agresiva. Rompe así con su lugar de sirviente de lo humano y lo amenaza. Se trata de una fantasía apenas distorsionada del rol de la máquina dentro del proceso de producción: la herramienta que había sido dominada por el artesano mutó en sistema de máquinas que gobiernan el espacio de trabajo y al propio obrero.

Pero Christine también es la mercancía que toma conciencia de sí misma y se separa, mediante la violencia, tanto de sus productores como de sus usuarios. Se arranca de la posición de objeto (y para esto objetiviza a los humanos que se relacionan con ella). Es la fantasmagoría de los años de la posguerra donde el *boom* del consumo en Estados Unidos fue impulsado por una política de salarios altos y una rebaja en el valor de las mercancías (posible, en parte, gracias a los mismos sistemas maquínicos). Christine es el retorno de lo reprimido de la década de 1950, cuando se fundó el *american way of life,* y se presenta como el fantasma de esa época, recubierta por la perpetua nostalgia con que se volverá a ella en los años de la crisis.

Gilbert Simondon afirmaba que para la tradición humanista "la máquina es el extranjero, el extranjero en el cual está encerrado lo humano, desconocido, materializado, vuelto servil, pero mientras sigue siendo, sin embargo, lo humano". Desde esta posición, donde la máquina deviene doble siniestro de lo humano, se generan dos reflejos. Por un lado, el hombre trata el artefacto como "puros ensambles de materia", que no poseen significación y que solo tienen como objetivo una utilidad. Por otro lado, imagina que las máquinas "están animadas por intenciones hostiles para con el hombre, o que representan para él un peligro de agresión, de insurrección".

VI. EL ROBOT COMO ESCLAVO

Pero en la misma zona de la fantasía donde la máquina deviene hostil a lo humano, en el reverso exacto, diríamos, tenemos la fantasía del sirviente o del esclavo, que está ya contenida en la palabra robot (el inglés toma esta palabra del checo, donde *robota* significa "servidumbre" y que fue utilizada por el escritor Karel Capek en su obra teatro *Robots Universales Rossum,* estrenada en 1921).

En esta zona del mito, las existencias de los robots siguen subordinadas por completo a la humanidad y funcionan como desplazamiento de una nueva forma de trabajo esclavo a la que no se le reconoce ningún derecho ni pago. A partir de esta relación robot-esclavo, surge una evolución de los entes artificiales tan similar al humano que no pueden ser subordinados sin conflicto.

Es, por ejemplo, la historia de *¿Sueñan los androides con ovejas eléctricas?,* de Philip K. Dick, *El hombre bicentenario,* de Asimov, o *Los superjuguetes duran todo el verano,* de Brian Aldiss. Podríamos decir que se trata de *fantasías empáticas,* una forma de imaginación que tal vez se inicia con la conferencia "¿Puede pensar una máquina?", que dio Alan Turing en 1947, donde quedó establecido un horizonte posible donde ya no pudiéramos distinguir lo humano de la máquina. Stanisław Lem reflexionó sobre este problema en su *Summa Technologiae:* "¿Pero de qué modo es posible enterarse de la existencia de la conciencia en la máquina? El problema no tiene solo un significado abstracto-filosófico, dado que la suposición de que cierta máquina que debe ir a la chatarrería porque no vale la pena arreglarla posee conciencia transforma nuestra decisión de destruir un objeto material, como un tocadiscos, en un acto de aniquilación de una personalidad, en un exterminio consciente. Alguien podría equipar el tocadiscos con un interruptor y un disco, así, cuando lo moviéramos de lugar, oiríamos unos gritos: '¡Ah, te ruego, perdóname la vida!'. ¿Cómo se puede diferenciar entre un aparato indudablemente carente de espíritu de una máquina pensante? Solo comenzando a conversar con ella".

En la novela de Dick, los Nexus 6 escaparon de las colonias humanas en otros planetas donde se los ofrece gratis a quienes decidan emprender el viaje peregrino[11]. En la televisión, se anuncia de esta manera: "Ya sea como un criado personal, o un campesino incansable, el robot humanoide hecho a su medida, diseñado solamente para usted y para sus exclusivas necesidades, se le entrega a su llegada absolutamente gratis y completamente equipado". Dick escribe este aviso publicitario ficcional en un país que llegó a tener un millón y medio de esclavos. El vínculo entre "criado personal" y forma de existencia instrumentalizada le permite superponer —sin decirlo— la situación (futura) de los androides a la situación (pasada) de los hombres y mujeres utilizados como herramientas en las plantaciones.

---

11. Es interesante la polémica que propone Dick al imaginar una tecnología que distinga entre humanos y androides. Acá no es la inteligencia, sino la capacidad de empatía. El test Voight-Kampff, que se usa para detectar a los Nexus 6, es una variable del test de Turing, pero sobre todo una discusión. ¿Cuál es la capacidad que distingue lo humano entre todas las especies naturales? ¿La inteligencia o la empatía?

La novela establece así un corte o una distinción entre la especie humana y los androides mutados, entre lo orgánico y lo inorgánico, que podría llevarnos a las hipótesis de Achille Mbembe en *Necropolítica*. Ahí Mbembe —retomando la biopolítica de Michael Foucault— piensa que la división de la población en subgrupos establece una ruptura biológica que es el origen del racismo. Desde este punto de vista, propone que, más que la clase social, fue la raza la sombra siempre presente en el pensamiento de las prácticas sociales de Occidente. Y esa lógica tiene como función establecer la inhumanidad de los pueblos a conquistar. Para romper esta "condición de aceptabilidad" de la opresión, la novela de Dick traza su curva argumental en la transformación de Deckard. Como en una *Bildungsroman* invertida, donde el protagonista inicia en un punto donde solo es capaz de sentir empatía por formas orgánicas de vida, y en el camino aparecen los problemas que se traducen en la incapacidad para distinguir lo humano de la máquina. Deckard *desaprende* a realizar el corte entre máquina y humanos. Su relación afectiva con Rachel Rosen[12] (androide) y su conflicto con Phil Resch (humano) empiezan a borrar los límites de su esquema natural/artificial, orgánico/inorgánico, vivo/no-vivo.

VII. DENTRO DE LA MÁQUINA

El tercer mito debe pensarse fuera de la simetría o el "mito de lo idéntico", para decirlo en términos de Barthes,

---

12. Rachel es un punto muy alto de algo que podríamos llamar *tecnoerótica* y que podría reunir elementos tan disímiles como *Crash*, de Ballard, la ya mencionada *Christine,* de Stephen King, o el robot sexual Aiko Chihira, que la empresa Toyota presentó en 2015.

cuando piensa la mitología marciana. Acá no se trata de humanos yendo hacia la condición cyborg ni de máquinas que se vuelven indistinguibles de personas (en su apariencia o en su inteligencia). En esta zona, lo que encontramos es una máquina que se aleja del propósito para el que fue creada, toma sus propias decisiones, deviene existencia independiente de la voluntad humana.

Es inquietante que una imaginación extendida sobre la "relación social" que podrían generar las máquinas, en caso de alcanzar cierto nivel de autonomía, suele tener la forma de un enjambre. Una inteligencia central, como si se tratara de una abeja reina, organiza existencias técnicas de distinto tipo. Es el caso de Skynet en *Terminator*, que organiza a las miles y miles de máquinas individuales en su guerra contra la humanidad. Es el caso de *Matrix*, donde una singularidad compleja es también el centro estratégico de la rebelión maquínica. Pero creo que algo levemente distinto sucede en *Blame!*, el animé de Hiroyuki Seshita, basado en manga de Tsutomu Nihei. Ahí no hay ia autoconsciente y furiosa, sino un mero *loop* en la programación que la humanidad no sabe cómo desactivar.

El temor que expresa *Blame!* es a la desconexión, porque en su mito se dice que hubo un tiempo en que la humanidad se conectaba a la ciudad a través del cuerpo. Cada hombre y cada mujer portaban el Gen Terminal de Red, un dispositivo orgánico que les permitía entrar al sistema operativo de la Ciudad y servirse de ella. Y fueron los humanos los que crearon un dispositivo de seguridad donde los que no tuvieran el Gen, fueran perseguidos y aniquilados. Un evidente desplazamiento del actual uso de datos biométricos para dispositivos de seguridad que funciona como una intrincada conexión entre lo orgánico y lo inorgánico. Y, entonces, un virus eliminó o bloqueó el Gen Terminal de Red en cada ser humano y lo volvió un extraño para la Ciudad. En esta ficción, toda la humanidad vive bajo las condiciones de un inmigrante sin papeles (donde los papeles son, acá, un gen) y el planeta entero se convirtió en un Estado policial que no concede a nadie permiso de residencia.

Si es cierto que *Blame!* parte de un tópico de la literatura cyberpunk donde las máquinas ganaron la guerra, la pregunta acá sería sobre qué tipo de guerra tuvo lugar. No se trata de una conciencia maquínica que, al despertar, inició un conflicto con la humanidad, sino de un dispositivo que sigue haciendo la tarea para el que fue programado y nadie sabe cómo apagar. Pero en esa ciudad distópica que plantea Nihei ni siquiera hay una memoria precisa del conflicto inicial que parece haber sucedido siglos atrás. Las generaciones de humanos que sobreviven en refugios dentro de la Ciudad (que es solo una y no tiene nombre) y se aferran a unos pocos mitos que fijan el pasado. La Ciudad es un organismo hiperconectado por la tecnología. La Ciudad es la máquina. Los humanos viven en ella ocultos, diezmados, al borde de la extinción. Pequeñas aldeas donde la humanidad volvió a la caza y a la pesca. Ahora no en ríos, sino en el musgo que crece dentro de los cables que son el sistema nervioso de la Ciudad. Son, se llaman a sí mismos, electro-pescadores.

El universo ficcional que plantea *Blame!* contiene dos tipos de máquina o, mejor dicho, dos actividades para la máquina. Por un lado, la construcción de la ciudad que sigue su curso. Y no puede saberse si es una acción dirigida por una inteligencia artificial o el simple piloto automático que dejó la humanidad antes de la epidemia.

La cierto es que la Ciudad crece y crece, cada vez con más niveles, dispersando a los pocos sobrevivientes humanos a lo largo, a lo ancho y, sobre todo, a lo alto en la megaestructura. Por otro, la Salvaguardia, las máquinas de aniquilación a todos aquellos que no tengan el Gen.

En la imagen del mundo que generó Nihei, no hay afuera de la Ciudad, porque no hay afuera de la tecnología. Es imposible el retorno a un estado anterior. La única esperanza es encontrar a alguien que todavía conserve el Gen Terminal de Red. Y, por esta vía, la historia se vuelve metafísica: ¿hay algo en lo humano, algún tipo de esencia, capaz de sobrevivir a pesar de las mutaciones orgánicas, que lo vuelva a poner en dominio, una y otra y otra vez, de la máquina?

La película no formula una respuesta. Trabaja sobre la fascinación del hombre frente al objeto técnico. La fascinación que desconoce a la máquina como trabajo humano objetivado y lo percibe como lo otro. Pero Nihei propone una inversión interesante; acá también es la máquina la que desconoce lo humano y lo percibe como lo otro.

Cuando Gilbert Simondon dice que "la producción industrial desvía al hombre porque lo pone en presencia de objetos que no están inmediatamente claros para él, están muy cerca de él en tanto que objetos de uso, pero le son ajenos porque no son fácilmente descifrables y porque la acción humana no sabe encontrar ya sus puntos de inserción", parece estar hablando del miedo que se cristaliza en *Blame!* El miedo al virus que nos desconecte, de una vez y para siempre, con nuestro dominio —y legibilidad— sobre la tecnología.

Si la alienación que impuso la Revolución Industrial nos trajo como pesadilla al autómata —que, al fin de cuentas, no es otra cosa que una variante del fantasma gótico reconfigurado en el imaginario tecnológico—, el resultado de la revolución digital es una inteligencia artificial que nos desconoce. Porque el hombre, en tanto individuo, ya no es capaz de descifrar los procesos técnicos que resultan en máquina y, mucho menos, los procesos técnicos que resultan en ciberespacio o algoritmo[13].

El único elemento de negatividad o resistencia en la película es la aparición de Kiri, un vagabundo que recorre la Ciudad en busca de alguien que todavía conserve el Gen Terminal de Red. Su aparición es importante, porque no se puede precisar su naturaleza. Su posición política es en favor de la facción humana, pero él mismo parece ser, al menos, un cyborg cuando no un robot. Es decir, un elemento rebelde dentro del complejo maquínico. En una escena fundamental, uno de los artefactos que custodian la Ciudad le dice: "Eres solamente un cuerpo robado a la Salvaguardia". Pero, aun asumiendo que esto es verdad, la pregunta sería: ¿robado por quién? ¿Por un grupo de sobrevivientes que logró ganar a Kiri para su causa? ¿O

---

13. Las fronteras entre ficción y realidad empiezan a temblar cuando, por ejemplo, leemos la carta que apareció en abril de 2023 y fue firmada por Yoshua Bengio, profesor de la Universidad de Montreal y considerado un pionero en el campo de la inteligencia artificial; Steve Wozniak, creador de la primera máquina Apple; el historiador Yuval Noah Harari; el cofundador de Skype Jaan Tallinn, y el CEO de Twitter, Elon Musk. Dice: "Pedimos a todos los laboratorios de inteligencia artificial que suspendan inmediatamente durante al menos seis meses el entrenamiento de sistemas de IA más potentes que GPT-4 (incluido GPT-5, que se está entrenando actualmente)", y advierte que este tipo de programas ya pueden competir con humanos en una gama cada vez mayor de tareas, lo que podría resultar en la automatización de trabajos y, además, son potenciales fuentes de difusión para información falsa y maliciosa.

es una conciencia que se autonomiza de la máquina como totalidad —como enjambre— y decide, en su particularidad, colaborar con los sobrevivientes? En cualquier caso, él puede enfrentar mejor a la Ciudad, porque conoce su lógica. Y en ese mestizaje aparece el último refugio de humanismo —un humanismo cyborg o, si se quiere, un posthumanismo en términos de Rossi Braidotti— en la ciudad distópica.

Tal vez esa línea de fuga que es Kiri —indefinido entre la máquina con interés humano o el ciborg que deviene máquina— no deba ser aquietada con una respuesta sobre su origen. Como si se tratara de un espectro híbrido nacido del cruce entre los dos primeros mitos, acá no podemos precisar si es la máquina la que está humanizándose o lo humano que se mimetiza con los sistemas maquínicos. Y tal vez la identidad que oscila entre humano y máquina sea, en sí misma, una respuesta a los fantasmas que anidan en los mitos sobre esa materia muerta (pero ¿está lo suficientemente muerta?) que recibe el nombre de máquina.

Mi padre me entregó a la ficción

Buenos Aires, 19 de junio de 2021

ESTIMADO MR. WALKER: COMO usted sabe, la memoria es una boca de tormenta que en las noches de lluvia se atora con basura. Y hoy llueve sobre mí como si el cielo fuera a caerse, como si los dioses me hubiesen olvidado. Y es una lluvia que pretende desolarme, y lo cierto es que yo pretendo resistir. Por eso le escribo.

No me conoce, mi nombre es Juan, no tengo señas particulares y mi padre murió hace tres meses. Comprendo que nada de esto resulta de su interés, pero el problema es que en el desierto amargo que ese hombre dejó, *Seven*, la película que usted escribió, está en el precario inventario de mi herencia. Quiero decir que la vimos juntos, mi padre y yo, en un cine de Microcentro, acá, en Buenos Aires, el año de su estreno. Yo tenía entonces 12 años y él, que nunca sabía qué hacer conmigo en esas tardes yermas de domingo, me llevó a una sala en la calle Lavalle y me entregó a la ficción.

Me pregunto si sabía mi padre a qué me estaba entregando, en esa tarde que ahora se me ocurre gris y fría, de domingo. Él estaba, entonces, ensamblando una nueva familia, digo ensamblando como quien dice montar una máquina, y yo era una pieza sobrante, algo con lo que no sabía bien qué hacer, que no encajaba en el mecanismo. Me paseaba por el hipódromo de Palermo (recuerdo el frío y la visión fantástica de las bestias corriendo), por las ferias de la Rural (el olor desagradable, el aburrimiento), por la costanera (la terrible sensación de soledad frente al río). Mi padre, mientras tanto, se preguntaba qué valor tienen las ruinas de una civilización derrotada por la Historia. Yo era la ruina. Su primer matrimonio, la civilización.

¿Me escondía a mí de su nueva familia como una vergüenza o como una culpa? ¿O era su familia lo que él pretendía que yo no viera? ¿Recuerda usted, Mr. Walker, la escena de *El bebé de Rosemary* donde el personaje que interpreta Mia Farrow percibe una ausencia en las paredes de la casa de sus vecinos? Esa sensación inquietante de que algo falta. Creo que yo miraba la vida de mi padre, a los 12 años, de esa manera. ¿Por qué deambulábamos por la ciudad? ¿Dónde estaban sus cosas? ¿Dónde dormía? Las paredes estaban desnudas.

Perdón, Mr. Walker, me disperso. Sé que su tiempo es valioso. Decía que, en todo caso, en esa tarde fría y nublada de 1995, mi padre, el hombre escindido al que llamo mi padre y otro hijo también llama su padre (aunque él con más convicción que yo), le contaba que en esa sala, él me entregó a la ficción. Y la ficción, cualquiera lo sabe, es un don ambiguo. Destruye la realidad para hacer, con sus restos, algo nuevo. Como los sueños destruyen los sentidos de la vigilia para poner a funcionar esa danza terrible que Freud llamó inconsciente. De modo que en esa sala oscura de la calle Lavalle (¿usted conoce la ciudad de Buenos Aires?) yo percibí, por primera vez, el aspecto mutilado y deforme de la ficción.

A lo largo de los años, volví a ver *Seven* muchas veces. Con distintas personas, con amigos, con parejas, en diferentes épocas de mi vida. No siempre conté la escena en el cine de Microcentro, pero volvió a mí, en ráfagas, cada vez. Esa extraña intimidad que se genera entre dos personas que miran los mismos espectros de la luz sobre la misma pantalla, un evento hipnótico que pronto se va a extinguir como ya se desvanecieron las escenas donde un hombre leía a la luz de una vela o una mujer escribía cartas para enviarlas, después, por correo. De todas formas, lo que intento decir es que hay algo en esa tarde, un sentido, algo más que una memoria, que quisiera ahora intentar develar. ¿Cómo se le quita el vestido a un recuerdo? ¿Cómo se lo desnuda? ¿Se lo puede mirar de frente sin quemarse? La vía que elijo, como siempre, es indirecta.

Según tengo entendido, usted, Mr. Walker, escribió el guion de *Seven* y fue ofrecido al director Jeremiah Chechik. Se dice que él se interesó, pero puso como condición, para filmarlo, cambiar el final. No sé cuál era la idea de Mr. Chechik, pero sí sé por qué usted no aceptó ese cambio. Lo entiendo ahora, que mi padre está muerto y yo ya no puedo mirar películas ni escuchar música, porque la vida se transformó en este diluvio. Estoy seguro de que Mr. Chechik quería cambiar el final porque no había leído a Borges, y usted, es evidente, sí. No solo entiendo ahora que usted lo había leído, sino que además había llegado a la misma conclusión que propuso Ricardo Piglia al leer "La muerte y la brújula". Y esto, Mr. Walker, nos deja frente a dos opciones: o es usted un lector excepcional, dueño de una inteligencia muy peligrosa que, presiento,

no lo debe dejar dormir por las noches, o escuchó a Piglia
(¿tal vez en Princeton?, pero los años no coinciden, usted
se graduó en la universidad de Penn State en 1986) o quizá
lo leyó; en cualquier caso, supo de su hipótesis sobre el
cuento de Borges y de ahí nació, para usted, la idea. De
una u otra forma, *Seven* es una discusión con "La muerte
y la brújula", de eso podemos estar seguros.

Me pregunto, entonces, ¿en qué momento leyó
"Death and the Compass"? ¿Fue en la traducción de Di
Giovanni que publicó E. P. Dutton? ¿La de 1964 o la de
1970? ¿O, acaso, lee usted en español? El dato es menor,
lo sé. Yo mismo no recuerdo mi primera lectura. La memoria, le decía, es una boca de tormenta que la basura, los
deshechos, ciegan cuando llueve. Los libros que dejó mi
padre, por ejemplo, cuando se fue de la casa. Entre ellos,
una colección de la editorial Bruguera, donde se había
publicado una antología de Borges. Las tapas amarillas.
Las hojas gastadas por los años. ¿Leí ahí "La muerte y la
brújula"? Es posible, pero no estoy seguro. Sé, en cambio, que mi padre no era un lector, pero tenía un respeto
reverencial por los libros y los exhibía en una biblioteca
pequeña y modesta, en el living de la casa.

Imagino ahora, bajo esta lluvia que cae constante
e impiadosa, una escena: usted está, digamos, en su casa,
y Morgan Freeman, que llegó temprano para la cena, lo
escucha con esa cara que parece tallada o esculpida, en
cualquier caso, no del todo humana. Lo escucha hablar
de Erik Lönnrot. Están preparando su papel en *Seven,* y
usted tuvo la amabilidad de invitarlo a cenar. A solas, por
supuesto. Vamos a suponer que él no leyó a Borges, pero
tiene, en cambio, un recuerdo brumoso de "Los crímenes de la rue Morgue", de Poe. Usted le explica, entonces,

mientras toman whisky, lo más convincente, me parece ahora, es que sea un bourbon, y usted le dice que Lönnrot es el paradigma del detective clásico, heredero legítimo de Auguste Dupin, un lector que prefiere las hipótesis de la inteligencia analítica a las causalidades caóticas que produce el capitalismo. Freeman está incómodo con las citas literarias, pero sonríe con amabilidad a la espera de que termine su idea. En el género negro, dice usted, la lógica del policial de enigma se disuelve, porque la cadena siempre es económica. No menciona a Piglia. Tal vez porque no lo leyó. Tal vez porque le parece que podría poner más incómodo a su invitado. Pero explica que Borges se resistió a esta transformación del policial y por eso decidió cerrar el género policial clásico con las reglas con que había nacido. Lönnrot es llevado a la muerte por su asesino, Red Scharlach, que utiliza la inteligencia y un laberinto de lecturas para atraparlo. Usted le explica la conexión entre la figura de este detective y el personaje que Mr. Freeman va a representar, Somerset, y entonces él se levanta, tal vez está fumando ahora, y piensa en el dinero que va a recibir por interpretar el papel. Es un cálculo rápido, que no está ni bien ni mal, teniendo en cuenta que es protagonista de una película con un presupuesto de 30 millones de dólares. Sí, dice, entiendo. Y sugiere algún gesto obsesivo que acompañe su personaje. Algo que lo muestre meticuloso, dice. Un comentario, Mr. Walker, que solo quiere indicar que entendió de lo que están hablando y ahora pueden dedicarse a otra cosa. A comer, por ejemplo, o a servirse el próximo Wild Turkey.

Usted, supongo, se resigna. No menciona las otras hipótesis de Piglia. Ni siquiera insiste en que lea "Death and the Compass". Se deja arrastrar por la amabilidad de

Freeman hacia temas menos interesantes: los sinsabores de la vida en matrimonio, la rutina física que requiere la actuación, las formas de combatir el insomnio. La noche, imagino, cae sobre ustedes mansa y agradable y después se desvanece como lo hace cualquier noche sobre Los Ángeles.

Presiento que esa misma madrugada, al quedarse solo, usted piensa esto: nadie leyó con suficiente atención la discusión que tiene Lönnrot con Treviranus, el detective a cargo del primer caso. Y se pregunta si debería comentar esto con Mr. Fincher. Esa duda lo desvela. Imagino que ya tuvieron algunas reuniones de trabajo, la cuestión avanza, pero usted todavía no sabe si es pertinente mostrar que toda la película es, en realidad, una hipótesis de lectura sobre un cuento central para la literatura del siglo xx. Usted podría decir, por ejemplo, que Borges construye en el inicio de "La muerte y la brújula" una polémica entre el policía Treviranus —que propone un móvil económico— y el detective Lönnrot —que prefiere una explicación *puramente rabínica,* es decir, intelectual—. Usted podría citar de memoria la sentencia de Lönnrot frente a la sugerencia del robo: "Posible, pero no interesante. Usted replicará que la realidad no tiene la menor obligación de ser interesante. Yo le replicaré que la realidad puede prescindir de esa obligación, pero no las hipótesis".

¿Es Mr. Fincher alguien que pueda entender la sutiliza de Borges al incluir esa línea en un cuento que tiene como objetivo cerrar el policial de enigma? No tengo esperanzas en este punto. Lo cierto es que en el final comprendemos que el policía Treviranus tenía razón, el asesinato del rabino había sido motivado por un intento de robo: *la cadena siempre es económica.* Pero Scharlach vio la oportunidad de vengarse cuando supo que Lönnrot estaba detrás del caso y construyó la geometría de los asesinatos en serie para llevar al detective hacia la muerte. Si usted pudiera explicarle lo que significa la "geometría de los asesinatos" a Mr. Fincher, le quedaría mucho más claro quién es John Doe, por qué hace lo que hace. Pero usted tiene miedo de que, al mostrar las simetrías entre el cuento y el guion, Mr. Fincher se ponga reticente, empiece a ver el argumento como demasiado intelectual y abandone el proyecto. Entonces calla. No dice, por ejemplo, que Scharlach construyó su plan después del primer homicidio. Y que eso nos hace pensar que Borges aceptaba así la derrota del policial de enigma frente al género negro. Esta es una lectura que a Mr. Fincher, sin duda, no le interesa. Y usted, entonces, no la enuncia. Lo deja hablar de dinero y de los detalles de producción y alojamientos y locaciones. Usted, Mr. Walker, se aburre. Pero lo importante es que él haya aceptado el final tal cual estaba escrito; eso era lo fundamental para que su lectura de "Death and the Compass" se hiciera legible.

En la reunión de trabajo con Brad Pitt, imagino que fue usted quien llegó a su casa, por la tarde, mientras él terminaba la rutina de ejercicios o jugaba al minigolf en su mansión. No creo que un hombre como él haya tenido la amabilidad de visitarlo. Mr. Walker, ¿qué pensaba mientras caminaba sobre ese pasto perfecto, recién cortado, que tal vez le hacía recordar un parque en Pennsylvania? Lo que imagino que dijo fue, palabras más o palabras menos, esto: En el inicio de la película, Brad, hay un relevo. El viejo detective, Somerset, está por jubilarse. Y Mills, tu personaje, llega desde otra ciudad, joven y exaltado, viene a ocupar su lugar. Los hábitos de Somerset (soltero, lector, meticuloso hasta la obsesión) lo vinculan con el linaje de

Dupin y a la inteligencia analítica. En este punto, Brad Pitt lo mira, pero no pregunta, y entonces usted explica: Edgar Poe, "Los crímenes de la rue Morgue", 1841, etc. Sigue. Somerset vive rodeado de libros; en su casa se ven bibliotecas, un tablero de ajedrez y un largo, largo silencio. El carácter de Mills, en cambio, es impulsivo y nervioso. Acá entiendo que Brad Pitt presta más atención. Mills habla, habla todo el tiempo. Y sus herramientas son las que adquirió en las calles, en su suciedad, en su violencia. Y con eso, usted trata de explicar, lo ubicamos en el campo de la experiencia, es decir, un heredero de Sam Spade o Philip Marlowe o Lew Archer o cualquiera de ellos. Entiendo que Brad Pitt sí leyó a Chandler o, al menos, vio *The Big Sleep,* aunque la película a él le hace pensar en Bogart y a usted, en el guion de Faulkner. No importa. Usted sigue. En el inicio, le dice, Mills discute con Somerset: "Mi placa dice 'detective' igual que la suya". Pero usted intenta hacerle entender que es una falsa equivalencia, tan falsa como decir que Dupin y Marlowe llevaban, aunque fuera en un sentido simbólico, la misma placa. El reemplazo de Somerset por Mills significa la victoria del género negro sobre el policial de enigma. Brad Pitt asiente. Simula seguirlo. Mr. Walker, usted retoma el problema donde lo dejó Borges al escribir "La muerte y la brújula". Pero esto, claro, no lo dice esa tarde en la mansión. Ni tampoco después.

También es posible, pienso ahora, que estas escenas no hayan existido. Que usted haya decidido no compartir con nadie lo que estaba haciendo. Y si esto fue así, tal vez, pensó en "Tema del traidor y del héroe", donde muchos irlandeses fueron actores involuntarios para la obra que había imaginado James Alexander Nolan y que terminaba con la muerte heroica de Fergus Kilpatrick. La pregunta se podría formular así: ¿sabían lo que representaban Morgan Freeman y Brad Pitt o fueron, también ellos, actores de una trama que desconocían? Su inteligencia, Mr. Walker, a la que temo y admiro en igual medida, me hace pensar que usted guardó todo el silencio que pudo y dejó los elementos ahí, a la vista, para que un futuro Ryan Kilpatrick lo advirtiera.

Pensemos, por un momento, en la ciudad. En la película, se evita decir su nombre o aludir a su ubicación, aunque se habla de ella todo el tiempo. La primera pregunta de Somerset a Mills es: ¿por qué aquí? ¿Por qué pidió el traslado a este lugar? Y "aquí" sigue siendo la forma de nombrar la ciudad a lo largo de la historia. Supongo que leyó, Mr. Walker, "El escritor argentino y la tradición": "Durante muchos años —escribe Borges ahí— en libros ahora felizmente olvidados, traté de redactar el sabor, la esencia de los barrios extremos de Buenos Aires; naturalmente abundé en palabras locales, no prescindí de palabras como cuchilleros, milonga, tapia, y otras, y escribí así aquellos olvidables y olvidados libros; luego, hará un año, escribí una historia que se llama 'La muerte y la brújula' que es una suerte de pesadilla, una pesadilla en que figuran elementos de Buenos Aires deformados por el horror de la pesadilla". La ciudad de Somerset y Mills también parece construida con restos diurnos, fragmentos de muchas ciudades donde gobiernan el odio, la multitud, el anonimato. Pero me pregunto si ese "aquí" que usted ideó para referirse a la ciudad no es, en realidad, un "ahora", es decir, una indicación de tiempo, y no de espacio. Tal vez, Mr. Walker, lo que usted intentaba era exhibir un movimiento en la historia, y no en la geografía.

Por cierto, después de ver la película, en esa tarde pálida de 1995, mi padre me acompañó hasta Lacroze, la terminal de trenes en el barrio de Chacarita, frente al cementerio. No es un recuerdo, es un cálculo. En esos días, siempre repetíamos el mismo esquema: él me esperaba al mediodía en Lacroze y a la tarde, nunca después de las seis, me dejaba en el mismo lugar. Desde la sala de cine, en Lavalle, debimos tomar el subte, la línea B, que se despliega bajo la avenida Corrientes como un secreto, aunque no lo recuerdo y no creo, en verdad, que hayamos dicho una palabra. Los viajes con mi padre eran silenciosos, y yo podía sentir su aburrimiento como una presencia o un fantasma. Algo que estaba entre nosotros, aunque no podía ser visto ni tocado. Algo que se desvanecía al despedirnos, y uno podía verlo rejuvenecer.

Le pido disculpas por las referencias. Dudo que conozca Buenos Aires, y en mis palabras parezco asumir que sí. No quisiera ser descortés, aunque es cierto que ustedes, los yanquis, le hablan al mundo como si cualquiera supiera qué es la Quinta Avenida, Harlem o el Mississippi. Y el resultado es que, a fuerza de repetición, lo logran. Uno termina sabiendo que hay una gran avenida en Nueva York y un río deslumbrante que cruza el Deep South. Pero no es mi intención discutir este punto y, como ya dije, la ciudad de su película está deslocalizada y podría ser, más bien, una coordenada temporal. Lo que usted tiene que retener, en todo caso, si es que no quiere recurrir a un mapa virtual y tratar de localizar las calles y los recorridos que menciono, es que hubo, esa tarde, una sala de cine, que hubo un viaje en subte. Que hubo, sobre todo, silencio. Pero distinto al de Somerset, un silencio hecho de un desgano lento, al borde del desmayo, muy lejos de la inteligencia del detective.

Después, ya solo, en el andén, debo haber esperado que se abrieran las puertas del vagón para buscar mi asiento del lado de la ventana. Como le digo, casi todo es cálculo, poco hay acá de recuerdos reales. De lo que estoy seguro es de que era invierno y los días eran cortos y debí ver caer la noche sobre el paisaje monótono, donde la ciudad de edificios altos se iba transformando en barrios de casas bajas, hasta llegar a Rubén Darío, la estación del Ferrocarril Urquiza en Hurlingham, mi ciudad. Es curioso, Mr. Walker, porque mi padre se llama (o se llamaba, hasta hace tres meses) Rubén Darío Mattio. Y yo viajaba desde ese hombre que fue mi padre hacia un lugar que llevaba el mismo nombre, pero que no se parecía en nada a él. De hecho, era el nombre de un espacio lleno de su ausencia. Era una simetría triste y desconcertante, una forma sutil de vaciar el sentido de las palabras.

Pero no es esto lo que importa, ¿verdad? Debería concentrarme en su película. Las polémicas, por ejemplo. Usted también las utiliza como Borges hace con Lönnrot y Treviranus, pero acá son el capitán y Somerset quienes discuten. Desde el primer caso, con el hombre asesinado por gula, donde Somerset razona que un delincuente común no se tomaría doce horas para un homicidio, no iría dos veces hasta el almacén a comprar más comida hasta hacer reventar a su víctima. Si el propósito es simplemente matar a alguien, dice, no hace falta tomar esos riegos. Y entonces insinúa que esa muerte puede significar algo o, dicho de otro modo, que es algún tipo de mensaje, y quien lo envía no hizo más que empezar. Pide abandonar el caso. No puede ser esa su última investigación, le quedan siete días para el retiro. No puede porque entiende que el caso va a seguir y seguir. "Esto es el principio", dice. Pero el capitán lo detiene, razona que no debe ser más que una venganza, que alguien debió tener alguna cuenta pendiente con el hombre gordo, y eso es todo. Mills, por supuesto, está de acuerdo. Nadie menciona, todavía, un móvil económico. Pero unos minutos después, cuando ya sabemos que hay un segundo homicidio y que la palabra "avaricia" (si hay un pecado capital que puede asociarse al género negro es, sin duda, este) apareció escrita con sangre en el despacho de un abogado famoso, el capitán entra a la oficina de Somerset y le pregunta por qué se jubila, por qué dejar de ser detective. Y recibe esta respuesta: "Un señor paseaba a su perro. Lo atacaron. Le sacaron el reloj y la billetera. Cuando estaba en el piso, indefenso, el atacante lo apuñaló en los ojos. Eso sucedió anoche —dice Somerset—, a cuatro cuadras de este lugar. Ya no entiendo lo que pasa". La cadena económica, Mr. Walker, dejó de explicar el crimen. Esa es su tesis. Hay una crueldad circulando en las ciudades, un *plus de violencia,* que ya no es posible asociar solo al dinero.

Después están los desplazamientos más obvios. De la estructura temporal que elige Borges —un asesinato el 4 de cada mes— a la aparición en *Seven* de un cadáver cada día de la semana. Del misticismo judío con el que se obsesiona Lönnrot (ahí el Tetragrámaton y la solución del problema: no serán tres sino cuatro los asesinatos) al misticismo cristiano que propone John Doe, una muerte por cada pecado capital. También los sentidos ocultos en el nombre Lönnrot, que, según mi edición crítica, es la suma de *Rot* (rojo en alemán) y el prefijo sueco *lönn-* (oculto, secreto) que se enfrenta a *Red* (rojo en inglés)

Scharlach (escarlata en alemán) y es la forma típica en la que Borges piensa la reunión de los opuestos. Usted, en cambio, llama Mills (molino) a uno y Somerset (voltereta) al otro, es decir, ambos refieren a un giro o a una rotación. Algo, podríamos decir, se mueve en el género. Es interesante que se haya decidido por John Doe para el asesino. Pienso que ese nombre, el que reciben en su país los ciudadanos anónimos que nadie puede identificar, podría ser una conexión con "El hombre de la multitud", de Poe, pero eso sería llevar la interpretación ya muy lejos. Acordemos, entonces, que al menos usted tuvo en mente que cualquiera, alguien sin una identidad legible (no hay huellas dactilares en su casa, no hay forma de rastrear su pasado), puede ocupar la función del asesino. Que no haya una infancia traumática o una adolescencia brutal como justificación de los homicidios, en tiempos de psicología forense y lombrosianismo psiquiátrico, es algo que se agradece, Mr. Walker.

Decía, antes, que mi padre me entregó a la ficción esa tarde de 1995, una tarde que se me ocurre ahora fría y gris. Que me despidió en la estación Federico Lacroze. Que volví a mi casa cuando la noche ya se había cerrado sobre el cielo del invierno. Mi madre, casi seguro, dormía o fumaba en su habitación con la puerta cerrada. Y es probable que esa noche, antes de quedarme dormido, pensara en su película, porque había quedado impresionado. Pero ¿qué puede pensar un niño de 12 años sobre el aspecto mutilado de la ficción?

Cuando uno dice que fue entregado a la ficción, pareciera que la ficción nos adopta. Eso no es cierto. Las historias no son más que historias. Se cuentan, se leen, a veces se escriben. El problema es comprender su poder para deformar. Comprender la distancia atroz entre la vida y las palabras. Alcanzar, por un momento, la certeza de la incomunicación que anida en el lenguaje. Eso no lo entendí de inmediato. Pasó con los años. Muchos años. Muchos trenes donde leí y busqué y traté de entender. Visto así, me llevó todo ese tiempo escribir esta carta. Me llevó todo ese tiempo comprender la realidad rota de la ficción, los fragmentos dispersos de la memoria, los deshechos disgregados de mundo, la forma mutilada de la experiencia.

Nos queda, Mr. Walker, la resolución. Somerset y Mills nunca llegan a saber quién es John Doe, pero sí logran localizarlo. La maniobra que encuentra Somerset es pedirle al FBI un listado de las personas que han leído una serie de libros (Milton, Dante, Shakespeare, etc., todos escritores que Borges leyó y sobre los que incluso escribió), porque, a pesar de que su guion es posterior a la Guerra Fría y anterior al 11 de septiembre, usted sabe que las maquinarias de la Inteligencia del Estado, sobre todo en un país como el suyo, nunca dejan de funcionar. No hay, para ellos, tiempos de paz. De modo que son las lecturas de John Doe las que lo ponen al alcance de la policía como en Borges fueron las lecturas de Lönnrot las que lo llevaron a la muerte. Si la película terminara ahí, si lo encontraran en el departamento, *Seven* sería una simple reivindicación de Dupin sobre Marlowe, del campo de la inteligencia analítica sobre el campo de la experiencia, del orden sobre el caos. Pero no.

El asesino logra escapar, comete un nuevo crimen y se entrega. Llega, con las manos ensangrentadas, al Departamento de Policía y confiesa ser el autor de los homicidios. Acá estamos frente al desvío; su polémica real no es solo con Borges, sino con todo el género. Porque John Doe logra que lo lleven a un lugar despoblado, lejos de la ciudad, con la promesa de revelar dónde están los cuerpos que faltan. El viaje en auto los reúne: Somerset, Mills y John Doe. Ya sabemos el final y, si me permite, podríamos decir que el detective David Mills, en esa escena, *va en coche al muere*. Lo que no significa que va a morir, sino que va a convertirse en asesino. Él encarna la ira. John Doe asesinó a su mujer y Mills, aunque todavía no lo sabe, va a vengarse (¿conoce las ideas de Piglia sobre el porqué del celibato en Dupin y por qué el casamiento de Marlowe en *El largo adiós* funciona como una transgresión a las reglas del género? Supongo que sí). Mills, en cualquier caso, le dispara. Ahí el giro, la rotación, el movimiento. En un mundo donde la cadena económica no logra explicar la totalidad del crimen, donde hay un algo más, una crueldad feroz que no logra hacerse legible, el modelo de detective que fundó Dashiell Hammett, el hombre duro, ético, audaz, capaz de comprender los mecanismos de la ciudad, se convierte ahora (aquí) en homicida. Su función se desintegra. Esa es la hipótesis crítica y es, sin duda, un nuevo cierre para el género. Dupin murió con Lönnrot y ahora Marlowe se convierte en asesino junto a Mills. Solo nos queda John Doe.

Por último, Mr. Walker, me gustaría hacer una observación más. Es apenas un detalle. No hace a nuestro tema, pero es importante para mí. No es difícil notar que en la ciudad de su película llueve. Todo el tiempo. Y parece que esa es la única forma posible para el clima. Un rasgo que también remite al mecanismo de la pesadilla. Una ciudad que no conoce el sol ni el cielo despejado. Un lugar quieto en la tristeza. Como dije antes, la memoria es una boca de tormenta, y acá, en estos días, cae tanta, tanta agua sobre mí que temo la inundación, temo el desborde, temo no saber olvidar. Espero que esa inteligencia peligrosa que no lo deja dormir por las noches, Mr. Walker, esa inteligencia que le permitió discutir con Borges de igual a igual, sea indulgente y comprenda que escribí esta carta porque tengo miedo de morir ahogado.

Atte. JUAN

Realismo y post-apocalipsis

> "El objetivo de la buena ficción
> es darles calma a los perturbados
> y perturbar a los que están en calma".
> DAVID FOSTER WALLACE

PIENSO EN *EL COLAPSO,* la serie postapocalíptica francesa que se estrenó en 2019[14], y en su particular forma de representar el tiempo. El primer capítulo sucede dos días después del colapso; el segundo, a cinco días; el tercero, a seis. Después, 25, 45, 50, 170 días, y entonces la imagen se cierra, como si algo obstruyera una visión más allá de ese límite. Y en el último capítulo volvemos a estar a cinco días antes del colapso y sucede la advertencia de una organización política ambiental que irrumpe en un programa de televisión. Pienso que este *loop* debería ser leído como un síntoma.

---

14. Meses después de su estreno, la pandemia de COVID-19 modificó la configuración social y económica a nivel global. Es inquietante pensar que las premisas de este artículo no fueron más que ampliadas y profundizadas por la crisis.

La serie fue dirigida por un colectivo llamado Les Parasites. Uno de sus integrantes, Ughetto de Bastien, dijo: "Queríamos hacer una ficción que hablara sobre el fin del mundo, pero vista desde un lado social y humano, a nuestra escala, nada de escenarios imposibles con los que no pudiese identificarse el espectador. Y, sobre todo, pretendíamos que la audiencia se diese cuenta de la fragilidad de nuestro sistema".

Sus escenarios son, por otro lado, siempre reconocibles: el supermercado, la estación de servicio, el aeródromo, la pequeña comunidad construida por ambientalistas, la central nuclear, el geriátrico, etc. Ningún elemento —ni tecnológico ni social— nos es desconocido. No quedan dudas: es nuestro mundo el que ingresa en su fase terminal.

La ciencia ficción, como práctica social, es uno de los pocos ámbitos de los que disponemos para reflexionar sobre el futuro. En palabras de Fredric Jameson, en estos relatos se pueden "detectar y relevar —tras los vestigios escritos del inconsciente político— los contornos de una cierta coyuntura histórica de una colectividad dada en que examina con inquietud su destino y lo explora con esperanza o temor".

La raíz de *El colapso* es, sin duda, el miedo, y la función social que se asigna es servir como advertencia. Para eso se sirve del futuro cercano (muy, muy próximo), para que no podamos tomar distancia y el aviso sea, según este criterio, más efectivo. La serie hace pensar en ese otro gran relato de la ciencia ficción de los últimos años que es *Years and Years*. Aunque el tono de *El colapso* es mucho más trágico al perseguir la hipótesis de la catástrofe global, hay algo del esquema narrativo que funciona de manera similar: la historia inicia en un punto que el espectador pueda reconocer como su propio mundo y desde ahí se despliega, poco a poco, un escenario de pesadilla política.

Las dos series se inscriben en una zona de la ciencia ficción que nos es muy reconocible. Un trazado que va desde *La carretera,* de Cormac McCarthy, hasta series como *Black Mirror* o *Dark.* Lo paradójico es el interés de esta ciencia ficción por el realismo, es decir, parece una corriente preocupada por imaginar el fin del mundo de manera rigurosa, atendiendo a los elementos históricos, sociales y económicos que están ya en nuestras vidas. Desde el ascenso de líderes ultraconservadores hasta la crisis económica que inició en 2008 con especial énfasis en la catástrofe ambiental en la que nos hundimos.

TIEMPO COLAPSADO

Este giro realista de la ciencia ficción puede ayudarnos a indagar en una serie de preguntas. En primer lugar, ¿qué pasó con las eras y eras de tiempo con las que trabajaban autores como Olaf Stapledon o H. P. Lovecraft o Cordwainer Smith? Incluso la imaginación del Ekumen de Ursula Le Guin parece hoy ambiciosa. La intención de inscribir la historia humana dentro de un océano temporal inmenso, donde nos contemplamos como diminuto punto en la noche del tiempo, insignificantes y atontados por el ego, parece el opuesto exacto de este tipo de ficciones inmediatas donde el tiempo se mide en semanas, meses, a lo sumos algunos años.

Si seguimos la hipótesis de Jameson en *Arqueologías del futuro,* podemos pensar que "no fue accidental que el período que conoció la aparición del pensamiento histórico, del historicismo en su sentido peculiarmente moderno —finales del siglo XVII y comienzos del siglo XIX— hubiera contemplado también, en la obra de sir Walter Scott, la aparición de una forma narrativa particularmente reestructurada para expresar esa nueva conciencia [la novela histórica]". Jameson avanza un poco más y afirma que los inicios de la ciencia ficción, con las primeras novelas de Julio Verne, coinciden con el agotamiento formal de ese otro modo narrativo, agotamiento que él sitúa después de la escritura de *Salambó* de Flaubert en 1862: "La emergencia de la ciencia ficción en cuanto forma que ahora registra una naciente preocupación por el futuro, y lo hace en el espacio en el que en otro tiempo se habría inscripto la preocupación por el pasado".

Creo, entonces, que es posible relacionar las disposiciones inmediatas de la ciencia ficción contemporánea con algo que podríamos llamar atrofia del pensamiento histórico. Las visiones de esta corriente son cercanas, porque el futuro se volvió opaco (¿quién dice que la humanidad pueda sobrevivir otros cien años en estas condiciones?), y de esta manera, la literatura, aunque se inscriba en estos casos en el campo de lo fantástico, participa de manera brutal en el realismo capitalista, en su imposibilidad de imaginar futuros postcapitalistas que no sean, precisamente, de colapso.

EL POST-APOCALIPSIS (NO) ES UN MODO DEL REALISMO

El segundo nudo problemático está en la articulación entre realismo y escenarios post-apocalípticos. Para formularlo en una pregunta: ¿es este subgénero un dispositivo de naturaleza conservadora por sí mismo? Mi intuición dice que no, que las ficciones de Ballard, por poner un caso paradigmático, tienen similitudes con *El colapso* o con *La carretera*, pero, al mismo tiempo, están hechas de otro material.

Creo que Ballard escribió (como Philip K. Dick, como M. John Harrison) una filosofía de los objetos. Usa la catástrofe, es cierto, pero solo para poder reorganizar el mundo y encontrar así la belleza del "encuentro fortuito, sobre una mesa de disección, de una máquina de coser y un paraguas". Su raíz está en el surrealismo, y no en el realismo capitalista. Su poética es mucho más cercana a la figura del coleccionista que describió Walter Benjamin que a la literatura de advertencia y mucho más preocupada por las temporalidades que viven dentro de un mismo objeto (de producción, de duración, etc.) que por el discurso de la denuncia o la advertencia.

En muchos de los mundos imaginarios de Ballard, los objetos fueron liberados de su condición de mercancía por una situación apocalíptica que desintegró las relaciones sociales. Esto permite volver extraña —desfamiliarizar— la relación entre personas y cosas. Ballard construye situaciones donde el mundo entero es una mesa de disección y donde cualquier reunión es entones arbitraria. En *La sequía* escribió: "La función temporal del río ya no era la misma. Antes le había parecido un inmenso y fluido reloj, y los objetos sumergidos habían tomado posiciones en el agua, como boyas que marcasen la disposición del sol y los planetas. Los continuos movimientos laterales del río, las crecientes y bajantes, y las presiones contra el casco, eran como la actividad dentro de un vasto sistema de evolución donde el flujo acumulativo de las aguas parecía tan impertinente y carente de significado como el movimiento aparente del tiempo mismo. Los verdaderos movimientos eran esas relaciones fortuitas y discontinuas de los objetos dentro del río: él, y el señor Quitler, el hijo idiota, y los pájaros, y peces muertos".

Al diluirse las relaciones sociales previas al desastre, se diluyen también las relaciones sociales que están *en* los objetos, dentro de las mercancías, como fantasmas liberados por una nueva configuración social.

Creo, entonces, que el problema no es la disposición narrativa que llamamos distopía, sino, otra vez, el pensamiento histórico atrofiado de nuestra época. Un pensamiento histórico que no permite desconectar a los objetos de las relaciones sociales, porque, en apariencia, esas relaciones son eternas. Si no hay fluir del tiempo, no hay historia; si no hay historia, estamos condenados a un *continuum* capitalista.

HOBBES Y EL SUJETO ENDRIAGO

El colapso parte de la siguiente tesis: si el sistema político y económico cae, lo único que habrá será una guerra hobbesiana de todos contra todos. A diferencia de *1984,* de George Orwell, o de *Un mundo feliz,* de Aldous Huxley, donde se agitaba la pesadilla política de los totalitarismos del siglo xx, acá el fantasma es la ausencia o deterioro de un Estado —y del mercado— que organice la vida social. Me gustaría detenerme en este movimiento, porque creo que también puede ser leído como un síntoma.

El estado de naturaleza que imaginó Hobbes como mito de origen para nuestros lazos sociales —y que él ubicaba en un pasado remoto— la ciencia ficción contemporánea lo relocaliza en el momento inmediato después del desastre —es decir, lo pone en el futuro—. El resultado es una advertencia de acento moralista y, tal vez peor, la evidencia de una imaginación paralizada.

Si estas relaciones sociales caen, parecen decir, no quedará más que una guerra de supervivencia en la que nadie tendrá amparo. En palabras del propio Hobbes, "es manifiesto que durante el tiempo en que los hombres viven sin un poder común que los atemorice a todos, se hallan en la condición o estado que se denomina guerra; una guerra tal que es la de todos contra todos". Las ficciones distópicas dramatizan, una y otra vez, la fantasía conservadora de Hobbes. Y así proponen las relaciones sociales del capitalismo como el interior que nos mantiene a salvo de un exterior hostil y ominoso.

Lo extraño es que ese futuro hiperviolento y sin regulaciones *ya está aquí*. La teórica mexicana Sayak Valencia escribió en su libro *Capitalismo gore* que "la globalización de la violencia es una de las múltiples distopías del proyecto mundializador". Ella logra articular la "ampliación de los mercados mundiales" con el surgimiento de una figura que llama "sujetos endriagos" y que define como aquellos que "hacen de la violencia extrema una forma de vida, de trabajo, de socialización y de cultura". Valencia —siguiendo a Mary Louise Pratt— afirma que el mundo contemporáneo está gobernado por el *regreso de los monstruos* y ubica ahí a los endriagos, justo en la intersección entre producción y consumo gore. Es allí donde la demanda de mercancías como drogas duras, prostitución, la venta de órganos, de violencia intimidatoria, sicariatos, etc., estructura —sobre todo en los países subdesarrollados— verdaderas fábricas de servicios y productos gore. ¿Qué tipo de subjetividad se genera en esa industria de la hiperviolencia? "El capitalismo gore —escribe Valencia— es el resultado de la interpretación y la participación activa, violenta e irreversible de los endriagos del mundo globalizado, del hiperconsumo y de las fronteras". De este modo, las hipótesis de que un futuro hiperviolento a lo *Mad Max* podría emerger si la catástrofe ambiental o el colapso económico terminaran de barrer con las instituciones estatales parecen apenas un desplazamiento de la situación actual que se vive en ciertos territorios, no en el *afuera* abyecto del capitalismo, sino precisamente en su *interior*, ahí donde es más nítida e inquietante su presencia.

La maniobra ideológica de estas nuevas distopías está en ubicar en el afuera —y en el futuro— eso que está en el interior —y en el presente— de nuestras relaciones sociales. La pulsión distópica es el reverso de la imaginación política, y podríamos preguntarnos si nuestra época encontrará el camino de regreso al impulso utópico o, lo que es lo mismo, a la historia.

Agradecimientos

ME GUSTARÍA AGRADECER A Flor Canosa, por su lectura temprana —y generosa— de este material y sus devoluciones. También a Facu Nahuel Martín y Emi Exposto, por las conversaciones nocturnas sobre marxismo, salud mental y ficciones alucinadas. A Pedro Perucca y Kike Ferrari, por acompañarme en la aventura de los talleres, y también a quienes participaron, a lo largo de estos ocho años, en esos laboratorios colectivos de lectura. A Marce Acevedo, porque, tal vez sin saberlo, acompañó con su conocimiento casi enciclopédico de ficción extraña buena parte de la escritura de estos textos. A Víctor Malumián, que confió en este libro antes de que existiera y me acompañó en el proceso de volverlo una realidad. Y, por supuesto, a mis hijxs Lola y Vladimir, que van encontrando sus propias obsesiones extrañas y me enseñan a ser feliz con sus búsquedas.

Índice

Libro
compuesto
en tipografía Stempel
Garamond 11/14 creada
por Claude Garamond en el
siglo XVI en Francia, versión de
la fundición Stempel en 1924.
Notas al pie en 10pt y títulos en
Helvetica Neue
en 22pt.

www.edicionesgodot.com.ar
info@edicionesgodot.com.ar
Facebook.com/EdicionesGodot
Twitter.com/EdicionesGodot
Instagram.com/EdicionesGodot
YouTube.com/EdicionesGodot

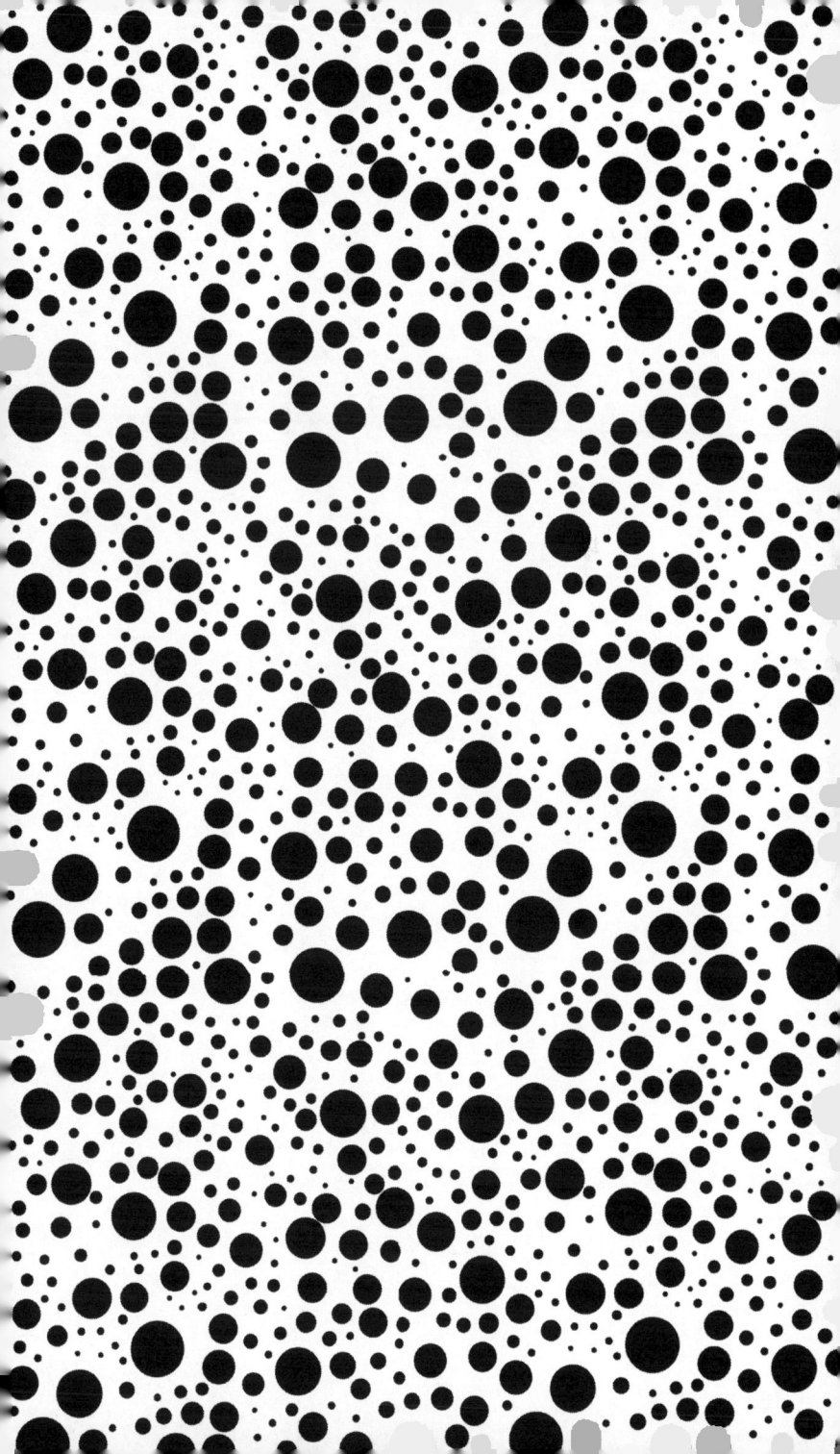

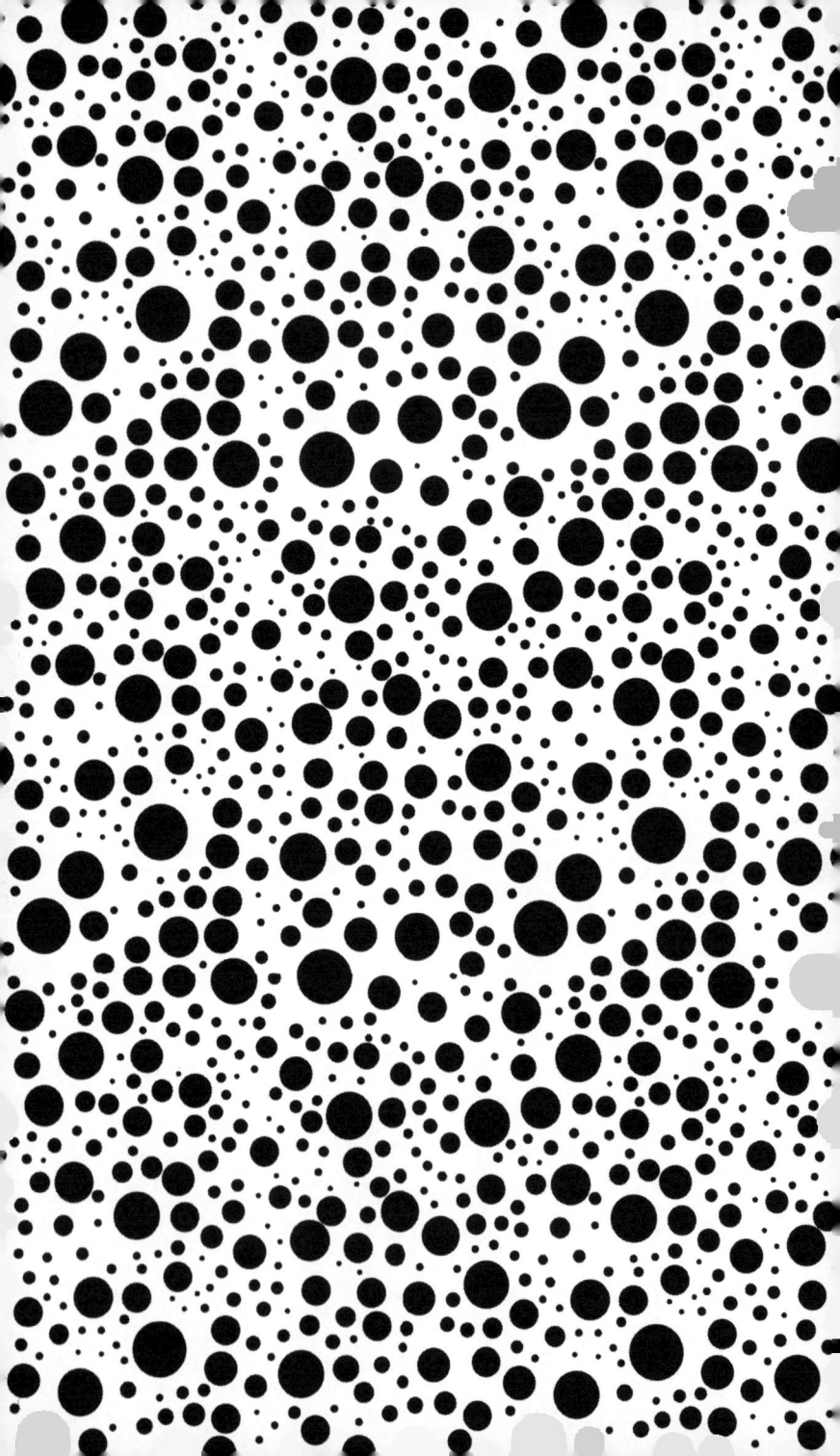